Rudin

Ivan Turgenev

Рудин

И. С. Тургенев

Rudin

ISNB: 978-1-60444-914-3

Рудин

ISNB: 978-1-60444-914-3

I

Было тихое летнее утро. Солнце уже довольно высоко стояло на чистом небе; но поля еще блестели росой, из недавно проснувшихся долин веяло душистой свежестью, и в лесу, еще сыром и не шумном, весело распевали ранние птички. На вершине пологого холма, сверху донизу покрытого только что зацветшею рожью, виднелась небольшая деревенька. К этой деревеньке, по узкой проселочной дорожке, шла молодая женщина, в белом кисейном платье, круглой соломенной шляпе и с зонтиком в руке. Казачок издали следовал за ней.

Она шла не торопясь и как бы наслаждаясь прогулкой. Кругом, по высокой, зыбкой ржи, переливаясь то серебристо-зеленой, то красноватой рябью, с мягким шелестом бежали длинные волны; в вышине звенели жаворонки. Молодая женщина шла из собственного своего села, отстоявшего не более версты от деревеньки, куда она направляла путь; звали ее Александрой Павловной Липиной. Она была вдова, бездетна и довольно богата, жила вместе с своим братом, отставным штабс-ротмистром Сергеем Павлычем Волынцевым. Он не был женат и распоряжался ее имением.

Александра Павловна дошла до деревеньки, остановилась у крайней избушки, весьма ветхой и низкой, и, подозвав своего казачка, велела ему войти в нее и спросить о здоровье хозяйки. Он скоро вернулся в сопровождении дряхлого мужика с белой бородой.

— Ну, что? — спросила Александра Павловна.

— Жива еще... — проговорил старик.

— Можно войти?

— Отчего же? можно.

Александра Павловна вошла в избу. В ней было тесно, и

душно, и дымно... Кто-то закопошился и застонал на лежанке. Александра Павловна оглянулась и увидела в полумраке желтую и сморщенную голову старушки, повязанной клетчатым платком. Покрытая по самую грудь тяжелым армяком, она дышала с трудом, слабо разводя худыми руками.

Александра Павловна приблизилась к старушке и прикоснулась пальцами до ее лба... он так и пылал.

— Как ты себя чувствуешь, Матрена? — спросила она, наклонившись над лежанкой.

— О-ох! — простонала старушка, всмотревшись в Александру Павловну. Плохо, плохо, родная! Смертный часик пришел, голубушка!

— Бог милостив, Матрена: может быть, ты поправишься. Ты приняла лекарство, которое я тебе прислала?

Старушка тоскливо заохала и не отвечала. Она не расслышала вопроса.

— Приняла,— проговорил старик, остановившийся у двери.

Александра Павловна обратилась к нему.

— Кроме тебя, при ней никого нет? — спросила она.

— Есть девочка — ее внучка, да все вот отлучается. Не посидит: такая егозливая. Воды подать испить бабке — и то лень. А я сам стар: куда мне?

— Не перевезти ли ее ко мне в больницу?

— Нет! зачем в больницу! все одно помирать-то. Пожила довольно; видно, уж так богу угодно. С лежанки не сходит. Где ж ей в больницу! Ее станут поднимать, она и помрет.

— Ох,— застонала больная,— красавица-барыня, сироточку-то мою не оставь; наши господа далеко, а ты...

Старушка умолкла. Она говорила через силу.

— Не беспокойся,— промолвила Александра Павловна, — все будет сделано. Вот я тебе чаю и сахару принесла. Если захочется, выпей... Ведь самовар у вас есть? — прибавила она, взглянув на старика.

— Самовар-то? Самовара у нас нету, а достать можно.

— Так достань, а то я пришлю свой. Да прикажи внучке, чтобы она не отлучалась. Скажи ей, что это стыдно.

Старик ничего не отвечал, а сверток с чаем и сахаром взял в обе руки.

— Ну, прощай, Матрена! — проговорила Александра Павловна,— я к тебе еще приду, а ты не унывай и лекарство принимай аккуратно...

Старуха приподняла голову и потянулась к Александре Павловне.

— Дай, барыня, ручку. пролепетала она.

Александра Павловна не дала ей руки, нагнулась и поцеловала ее в лоб.

— Смотри же,— сказала она, уходя, старику,— лекарство ей давайте непременно, как написано... И чаем ее напойте...

Старик опять ничего не отвечал и только поклонился.

Свободно вздохнула Александра Павловна, очутившись на свежем воздухе. Она раскрыла зонтик и хотела было идти домой, как вдруг из-за угла избушки выехал, на низеньких беговых дрожках, человек лет тридцати, в старом пальто из серой коломянки и такой же фуражке. Увидев Александру Павловну, он тотчас остановил лошадь и обернулся к ней лицом. Широкое, без румянца, с небольшими бледно-серыми глазками и белесоватыми усами, оно подходило под цвет его одежды.

— Здравствуйте,— проговорил он с ленивой усмешкой, — что это вы тут такое делаете, позвольте узнать?

— Я навещала больную... А вы откуда, Михайло Михайлыч?

Человек, называвшийся Михайло Михайлычем, посмотрел ей в глаза и опять усмехнулся.

— Это вы хорошо делаете,— продолжал он,— что больную навещаете; только не лучше ли вам ее в больницу перевезти?

— Она слишком слаба: ее нельзя тронуть.

— А больницу свою вы не намерены уничтожить?

— Уничтожить? зачем?

— Да так.

— Что за странная мысль! С чего это вам в голову пришло?

— Да вы вот с Ласунской все знаетесь и, кажется, находитесь под ее влиянием. А по ее словам, больницы, училища — это все пустяки, ненужные выдумки. Благотворение должно быть личное, просвещение тоже: это все дело души... так, кажется, она выражается. С чьего это голоса она поет, желал бы я знать?

Александра Павловна засмеялась.

— Дарья Михайловна умная женщина, я ее очень люблю и уважаю; но и она может ошибаться, и я не каждому ее слову верю.

— И прекрасно делаете,— возразил Михайло Михайлыч, все не слезая с дрожек,— потому что она сама словам своим плохо верит. А я очень рад, что встретил вас.

— А что?

— Хорош вопрос! Как будто не всегда приятно вас встретить! Сегодня вы так же свежи и милы, как это утро.

Александра Павловна опять засмеялась.

— Чему же вы смеетесь?

— Как чему? Если б вы могли видеть, с какой вялой и холодной миной вы произнесли ваш комплимент! Удивляюсь, как вы не зевнули на последнем слове.

— С холодной миной... Вам все огня нужно; а огонь никуда не годится. Вспыхнет, надымит и погаснет.

— И согреет,— подхватила Александра Павловна.

— Да... и обожжет.

— Ну, что ж, что обожжет! И это не беда. Все же лучше, чем...

— А вот я посмотрю, то ли вы заговорите, когда хоть раз хорошенько обожжетесь,— перебил ее с досадой Михайло Михайлыч и хлопнул вожжой по лошади. Прощайте!

— Михайло Михайлыч, постойте! — закричала Александра Павловна,— когда вы у нас будете?

— Завтра; поклонитесь вашему брату.

И дрожки покатились.

Александра Павловна посмотрела вслед Михайлу Михайловичу.

"Какой мешок!" — подумала она. Сгорбленный, запыленный, с фуражкой на затылке, из-под которой беспорядочно торчали косицы желтых волос, он действительно походил на большой мучной мешок.

Александра Павловна отправилась тихонько назад по дороге домой. Она шла с опущенными глазами. Близкий топот лошади заставил ее остановиться и поднять голову... Ей навстречу ехал ее брат верхом; рядом с ним шел молодой человек небольшого роста, в легоньком сюртучке нараспашку, легоньком галстучке и легонькой серой шляпе, с тросточкой в руке. Он уже давно улыбался Александре Павловне, хотя и видел, что она шла в раздумье, ничего не замечая, а как только она остановилась, подошел к ней и радостно, почти нежно произнес:

— Здравствуйте, Александра Павловна, здравствуйте !

— А! Константин Диомидыч! здравствуйте! — ответила она. Вы от Дарьи Михайловны?

— Точно так-с, точно так-с,— подхватил с сияющим лицом молодой человек,— от Дарьи Михайловны. Дарья Михайловна послала меня к вам-с; я предпочел идти пешком... Утро такое чудесное, всего четыре версты расстояния. Я прихожу — вас дома нет-с. Мне ваш братец говорит, что вы пошли в Семеновку, и сами собираются в поле; я вот с ними и пошел-с, к вам навстречу. Да-с. Как это приятно!

Молодой человек говорил по-русски чисто и правильно, но с иностранным произношением, хотя трудно было определить, с каким именно. В чертах лица его было нечто азиатское. Длинный нос с горбиной, большие неподвижные глаза навыкате, крупные красные губы, покатый лоб, черные как смоль волосы — все в нем изобличало восточное происхождение; но молодой человек именовался по фамилии Пандалевским и называл своею родиной Одессу, хотя и воспитывался где-то в Белоруссии, на счет благодетельной и богатой вдовы. Другая вдова определила его на службу. Вообще дамы средних лет охотно покровительствовали Константину Диомидычу: он умел искать, умел находить в них. Он и теперь жил у богатой помещицы, Дарьи Михайловны Ласунской, в качестве приемыша или нахлебника. Он был весьма ласков, услужлив, чувствителен и втайне сластолюбив, обладал приятным голосом, порядочно играл на фортепьяно и имел привычку, когда говорил с кем-нибудь, так и впиваться в него глазами. Он одевался очень чистенько и платье носил чрезвычайно долго, тщательно выбривал свой широкий подбородок и причесывал волосок к волоску.

Александра Павловна выслушала его речь до конца и обратилась к брату.

— Сегодня мне все встречи: сейчас я разговаривала с Лежневым.

— А, с ним! Он ехал куда-нибудь?

— Да; и вообрази, на беговых дрожках, в каком-то полотняном мешке, весь в пыли... Какой он чудак!

— Да, быть может; только он славный человек.

— Кто это? Господин Лежнев? — спросил Пандалевский, как бы удивясь.

— Да, Михайло Михайлыч Лежнев,— возразил Волынцев. — Однако прощай, сестра, мне пора ехать в поле: у тебя гречиху сеют. Господин Пандалевский тебя проведет домой...

И Волынцев пустил лошадь рысью.

— С величайшим удовольствием! — воскликнул Константин Диомидыч и предложил Александре Павловне руку.

Она подала ему свою, и оба отправились по дороге в ее усадьбу.

Вести под руку Александру Павловну доставляло, по-видимому, большое удовольствие Константину Диомидычу; он выступал маленькими шагами, улыбался, а восточные глаза его даже покрылись влагой, что, впрочем, с ними случалось нередко: Константину Диомидычу ничего не стоило умилиться и пролить слезу. И кому бы не было приятно вести под руку хорошенькую женщину, молодую и стройную? Об Александре Павловне вся ...ая губерния единогласно говорила, что она прелесть, и ...ая губерния не ошибалась. Один ее прямой, чуть-чуть вздернутый носик мог свести с ума любого смертного, не говоря уже о ее бархатных карих глазках, золотисто-русых волосах, ямках на круглых щечках и других красотах. Но лучше всего в ней было выражение ее миловидного лица: доверчивое, добродушное и кроткое, оно и трогало и привлекало. Александра Павловна глядела и смеялась, как ребенок; барыни находили ее простенькой... Можно ли было чего-нибудь еще желать?

— Вас Дарья Михайловна ко мне прислала, говорите вы? — спросила она Пандалевского.

— Да-с, прислала-с,— отвечал он, выговаривая букву с, как английское th, — она непременно желают и велели вас убедительно просить, чтобы вы пожаловали сегодня к ним обедать... Она (Пандалевский, когда говорил о третьем лице, особенно о даме, строго придерживался множественного числа) — она ждут к себе нового гостя, с которым непременно желают вас познакомить.

— Кто это?

— Некто Муффель, барон, камер-юнкер из Петербурга.

Дарья Михайловна недавно с ним познакомились у князя Гарина и с большой похвалой о нем отзываются, как о любезном и образованном молодом человеке. Господин барон занимаются также литературой, или, лучше сказать... ах, какая прелестная бабочка! извольте обратить ваше внимание... лучше сказать, политической экономией. Он написал статью о каком-то очень интересном вопросе — и желает подвергнуть ее на суд Дарье Михайловне.

— Политико-экономическую статью?

— С точки зрения языка-с, Александра Павловна, с точки зрения языка-с. Вам, я думаю, известно, что и в этом Дарья Михайловна знаток-с. Жуковский с ними советовался, а благодетель мой, проживающий в Одессе благопотребный старец Роксолан Медиарович Ксандрыка... Вам, наверное, известно имя этой особы?

— Нисколько, и не слыхивала.

— Не слыхивали о таком муже? Удивительно! Я хотел сказать, что и Роксолан Медиарович очень был всегда высокого мнения о познаниях Дарьи Михайловны в российском языке.

— А не педант этот барон? — спросила Александра Павловна.

— Никак нет-с; Дарья Михайловна рассказывают, что, напротив, светский человек в нем сейчас виден. О Бетховене говорил с таким красноречием, что даже старый князь почувствовал восторг... Это я, признаюсь, послушал бы: ведь это по моей части. Позвольте вам предложить этот прекрасный полевой цветок.

Александра Павловна взяла цветок и, пройдя несколько шагов, уронила его на дорогу... До дому ее оставалось шагов двести, не более. Недавно выстроенный и выбеленный, он приветливо выглядывал своими широкими светлыми окнами из густой зелени старинных лип и кленов.

— Так как же-с прикажете доложить Дарье Михайловне,

— заговорил Пандалевский, слегка обиженный участью поднесенного им цветка,— пожалуете вы к обеду? Оне и братца вашего просят.

— Да, мы приедем, непременно. А что Наташа?

— Наталья Алексеевна, слава богу, здоровы-с... Но мы уже прошли поворот к именью Дарьи Михайловны. Позвольте мне раскланяться.

Александра Павловна остановилась.

— А вы разве не зайдете к нам? — спросила она нерешительным голосом.

— Душевно бы желал-с, но боюсь опоздать. Дарье Михайловне угодно послушать новый этюд Тальберга: так надо приготовиться и подучить. Притом я, признаюсь, сомневаюсь, чтобы моя беседа могла доставить вам какое-нибудь удовольствие.

— Да нет... почему же...

Пандалевский вздохнул и выразительно опустил глаза.

— До свидания, Александра Павловна! — проговорил он, помолчав немного, поклонился и отступил шаг назад.

Александра Павловна повернулась и пошла домой.

Константин Диомидыч также пустился восвояси. С лица его тотчас исчезла вся сладость: самоуверенное, почти суровое выражение появилось на нем. Даже походка Константина Диомидыча изменилась; он теперь и шагал шире и наступал тяжелее. Он прошел версты две, развязно помахивая палочкой, и вдруг опять осклабился: он увидел возле дороги молодую, довольно смазливую крестьянскую девушку, которая выгоняла телят из овса. Константин Диомидыч осторожно, как кот, подошел к девушке и заговорил с ней. Та сперва молчала, краснела и посмеивалась, наконец закрыла губы рукавом, отворотилась и промолвила:

— Ступай, барин, право...

Константин Диомидыч погрозил ей пальцем и велел ей принести себе васильков.

— На что тебе васильков? венки, что ль, плесть? — возразила девушка, — да ну, ступай же, право...

— Послушай, моя любезная красоточка, — начал было Константин Диомидыч...

— Да ну, ступай,— перебила его девушка, — баричи вон идут.

Константин Диомидыч оглянулся. Действительно, по дороге бежали Ваня и Петя, сыновья Дарьи Михайловны; за ними шел их учитель, Басистов, молодой человек двадцати двух лет, только что окончивший курс. Басистов был рослый малый, с простым лицом, большим носом, крупными губами и свиными глазками, некрасивый и неловкий, но добрый, честный и прямой. Он одевался небрежно, не стриг волос,— не из щегольства, а от лени; любил поесть, любил поспать, но любил также хорошую книгу, горячую беседу и всей душой ненавидел Пандалевского.

Дети Дарьи Михайловны обожали Басистова и уж нисколько его не боялись; со всеми остальными в доме он был на короткой ноге, что не совсем нравилось хозяйке, как она не толковала о том, что для нее предрассудков не существует.

— Здравствуйте, мои миленькие! — заговорил Константин Диомидыч, — как вы рано сегодня гулять пошли! А я, — прибавил он, обращаясь к Басистову, — уже давно вышел; моя страсть — наслаждаться природой.

— Видели мы, как вы наслаждаетесь природой, — пробормотал Басистов.

— Вы материалист: уже сейчас бог знает что думаете. Я вас знаю!

Пандалевский, когда говорил с Басистовым или подобными ему людьми, легко раздражался и букву с произносил чисто, даже с маленьким свистом.

— Что же, вы у этой девки, небось, дорогу спрашивали? — проговорил Басистов, поводя глазами и вправо и влево.

Он чувствовал, что Пандалевский глядит ему прямо в лицо, а это ему было крайне неприятно.

— Я повторяю: вы материалист и больше ничего. Вы непременно желаете во всем видеть одну прозаическую сторону...

— Дети! — скомандовал вдруг Басистов, — видите вы на лугу ракиту: посмотрим, кто скорее до нее добежит... Раз! два! три!

И дети бросились во все ноги к раките. Басистов устремился за ними.

"Мужик! — подумал Пандалевский, — испортит он этих мальчишек... Совершенный мужик!"

И, с самодовольствием окинув взглядом свою собственную опрятную и изящную фигурку, Константин Диомидыч ударил раза два растопыренными пальцами по рукаву сюртука, встряхнул воротником и отправился далее. Вернувшись к себе в комнату, он надел старенький халат и с озабоченным лицом сел за фортепьяно.

II

Дом Дарьи Михайловны Ласунской считался чуть ли не первым по всей ...ой губернии. Огромный, каменный, сооруженный по рисункам Растрелли, во вкусе прошедшего столетия, он величественно возвышался на вершине холма, у подошвы которого протекала одна из главных рек средней России. Сама Дарья Михайловна была знатная и богатая барыня, вдова тайного советника. Хотя Пандалевский и рассказывал про нее, что она знает всю Европу, да и Европа ее знает! — однако Европа ее знала мало, даже в Петербурге она важной роли не играла; зато в Москве ее все знали и ездили к ней. Она принадлежала к высшему свету и слыла за женщину несколько странную, не совсем добрую, но чрезвычайно умную. В молодости она была очень хороша собою. Поэты писали ей стихи, молодые люди в нее влюблялись, важные господа волочились за ней. Но с тех пор прошло лет двадцать пять или тридцать, и прежних прелестей не осталось и следа. "Неужели, — спрашивал себя невольно всякий, кто только видел ее в первый раз, — неужели эта худенькая, желтенькая, востроносая и еще не старая женщина была когда-то красавицей? Неужели это она, та самая, о которой бряцали лиры?.." И всякий внутренно удивлялся переменчивости всего земного. Правда, Пандалевский находил, что у Дарьи Михайловны удивительно сохранились ее великолепные глаза; но ведь тот же Пандалевский утверждал, что ее вся Европа знает.

Дарья Михайловна приезжала каждое лето к себе в деревню с своими детьми (у нее их было трое: дочь Наталья, семнадцати лет, и два сына, десяти и девяти лет) и жила открыто, то есть принимала мужчин, особенно холостых; провинциальных барынь она терпеть не могла. Зато и доставалось же ей от этих барынь! Дарья Михайловна, по их словам, была и горда, и безнравственна, и тиранка страшная; а главное — она позволяла себе такие вольности в разговоре, что ужасти! Дарья Михайловна действительно не любила стеснять себя в деревне, и в свободной простоте ее обхождения замечался легкий оттенок презрения столичной львицы к окружавшим ее, довольно темным и мелким существам... Она и с городскими знакомыми обходилась очень развязно, даже насмешливо; но оттенка презрения не было.

Кстати, читатель, заметили ли вы, что человек, необыкновенно рассеянный в кружке подчиненных, никогда не бывает рассеян с лицами высшими? Отчего бы это? Впрочем, подобные вопросы ни к чему не ведут.

Когда Константин Диомидыч, вытвердив, наконец, тальберговский этюд, спустился из своей чистой и веселенькой комнаты в гостиную, он уже застал все домашнее общество собранным. Салон уже начался. На широкой кушетке, подобрав под себя ноги и вертя в руках новую французскую брошюру, расположилась хозяйка; у окна за пяльцами сидели: с одной стороны дочь Дарьи Михайловны, а с другой m-lle Boncourt — гувернантка, старая и сухая дева лет шестидесяти, с накладкой черных волос под разноцветным чепцом и хлопчатой бумагой в ушах; в углу, возле двери, поместился Басистов и читал газету, подле него Петя и Ваня играли в шашки, а прислонясь к печке и заложив руки за спину, стоял господин небольшого роста, взъерошенный и седой, с смуглым лицом и беглыми черными глазками — некто Африкан Семеныч Пигасов.

Странный человек был этот господин Пигасов. Озлобленный противу всего и всех — особенно против женщин, — он бранился с утра до вечера, иногда очень метко, иногда довольно тупо, но всегда с наслаждением. Раздражительность его доходила до ребячества; его смех, звук его голоса, все его существо казалось пропитанным желчью. Дарья Михайловна охотно принимала Пигасова: он потешал ее своими выходками. Они точно были довольно забавны. Все преувеличивать было его страстью. Например: о каком бы несчастье при нем ни говорили — рассказывали ли ему, что громом зажгло деревню, что вода прорвала мельницу, что мужик себе топором руку отрубил, — он всякий раз с сосредоточенным ожесточением спрашивал: "А как ее зовут?" — то есть как зовут женщину, от которой произошло то несчастие, потому что, по его уверениям, всякому несчастию причиной женщина, стоит только хорошенько вникнуть в дело. Он однажды бросился на колени перед почти незнакомой ему барыней, которая приставала к нему с угощением, и начал слезно, но с написанной на лице яростью умолять ее, чтобы она его пощадила, что он ничем перед ней не провинился и вперед у ней никогда не будет. Раз лошадь помчала под гору одну из прачек Дарьи Михайловны, опрокинула ее в ров и чуть не убила. Пигасов с тех пор иначе не называл эту лошадь, как добрый, добрый конек, а самую гору и ров находил чрезвычайно живописными местами. Пигасову в жизни не повезло — он эту дурь и напустил на себя. Он происходил от бедных родителей. Отец его занимал разные мелкие должности, едва знал грамоте и не заботился о воспитании сына; кормил, одевал его — и только. Мать его баловала, но скоро умерла. Пигасов сам себя воспитал, сам определил себя в уездное училище, потом в гимназию, выучился языкам, французскому, немецкому и даже латинскому, и выйдя из гимназии с отличным аттестатом, отправился в Дерпт, где постоянно боролся с нуждою, но выдержал трехгодичный курс до конца. Способности Пигасова не выходили из разряда обыкновенных; терпением и настойчивостью он отличался, но особенно сильно было в нем чувство честолюбия, желание попасть в хорошее общество, не отстать от других, назло судьбе. Он и учился прилежно и в Дерптский университет поступил из честолюбия. Бедность сердила его и развила в нем наблюдательность и лукавство. Он выражался своеобразно; он смолоду присвоил себе особый род желчного и раздражительного красноречия. Мысли его не возвышались над общим уровнем; а говорил он так, что мог казаться не только умным, но даже очень умным человеком. Получив степень кандидата, Пигасов решился посвятить себя ученому званию: он понял, что на всяком другом поприще он бы никак не мог угнаться за своими товарищами (он старался выбирать их из высшего круга и умел к ним подделаться, даже льстил им, хотя все ругался). Но тут в нем, говоря попросту, материала не хватило. Самоучка не из любви к науке, Пигасов в сущности знал слишком мало. Он жестоко провалился в диспуте, между тем как живший с ним в одной комнате другой студент, над которым он постоянно смеялся, человек весьма ограниченный, но получивший правильное и прочное воспитание, восторжествовал вполне. Неудача эта взбесила Пигасова: он бросил в огонь все свои книги и тетради и поступил на службу. Сначала дело пошло недурно: чиновник он был хоть куда, не очень распорядительный, зато крайне самоуверенный и бойкий; но ему захотелось поскорее выскочить в люди — он запутался, споткнулся и принужден был выйти в отставку. Года три просидел он у себя в благоприобретенной деревеньке и вдруг женился на богатой, полуобразованной помещице, которую поймал на удочку своих развязных и насмешливых манер. Но нрав Пигасова уже слишком раздражился и скис; он тяготился семейной жизнью... Жена его, пожив с ним несколько лет, уехала тайком в Москву и продала какому-то ловкому аферисту свое имение, а Пигасов только что построил в нем усадьбу. Потрясенный до основания этим последним ударом, Пигасов затеял было тяжбу с женою, но ничего не выиграл... Он доживал свой век одиноко, разъезжал по соседям, которых бранил за глаза и даже в глаза и которые принимали его с каким-то напряженным полухохотом, хотя серьезного страха он им не внушал, — и никогда книги в руки не брал. У него было около ста душ; мужски его не бедствовали.

— A! Constantin! — проговорила Дарья Михайловна, как только Пандалевский вошел в гостиную. — Alexandrine будет?

— Александра Павловна велели вас благодарить и за особенное удовольствие себе поставляют, — возразил Константин Диомидыч, приятно раскланиваясь на все стороны и прикасаясь толстой, но белой ручкой с ногтями,

15

остриженными треугольником, к превосходно причесанным волосам.

— И Волынцев тоже будет?

— И они-с.

— Так как же, Африкан Семеныч, — продолжала Дарья Михайловна, обратясь к Пигасову, — по-вашему, все барышни неестественны?

У Пигасова губы скрутились набок, и он нервически задергал локтем.

— Я говорю, — начал он неторопливым голосом — он в самом сильном припадке ожесточения говорил медленно и отчетливо, — я говорю, что барышни вообще — о присутствующих, разумеется, я умалчиваю...

— Но это не мешает вам и о них думать, — перебила Дарья Михайловна.

— Я о них умалчиваю, — повторил Пигасов. — Все барышни вообще неестественны в высшей степени — неестественны в выражении чувств своих. Испугается ли, например, барышня, обрадуется ли чему или опечалится, она непременно сперва придаст телу своему какой-нибудь эдакий изящный изгиб (и Пигасов пребезобразно выгнул свой стан и оттопырил руки) и потом уж крикнет: ах! или засмеется, или заплачет. Мне, однако (и тут Пигасов самодовольно улыбнулся), удалось-таки добиться однажды истинного, неподдельного выражения ощущения от одной замечательно неестественной барышни!

— Каким это образом?

Глаза Пигасова засверкали.

— Я ее хватил в бок осиновым колом сзади. Она как взвизгнет, а я ей: браво! браво! Вот это голос природы, это был естественный крик. Вы и вперед всегда так поступайте.

Все в комнате засмеялись.

— Что вы за пустяки говорите, Африкан Семеныч! —

воскликнула Дарья Михайловна. — Поверю ли я, что вы станете девушку толкать колом в бок!

— Ей-богу, колом, пребольшим колом, вроде тех, которые употребляются при защите крепостей.

— Mais c'est une horreur ce que vous dites la, monsieur[1], — возопила m-lle Boncourt, грозно посматривая на расхохотавшихся детей.

— Да не верьте ему, — промолвила Дарья Михайловна, — разве вы его не знаете?

Но негодующая француженка долго не могла успокоиться и все что-то бормотала себе под нос.

— Вы можете мне не верить, — продолжал хладнокровным голосом Пигасов, — но я утверждаю, что я сказал сущую правду. Кому ж это знать, коли не мне? После этого вы, пожалуй, также не поверите, что наша соседка Чепузова, Елена Антоновна, сама, заметьте сама, мне рассказала, как она уморила своего родного племянника?

— Вот еще выдумали!

— Позвольте, позвольте! Выслушайте и судите сами. Заметьте, я на нее клеветать не желаю, я ее даже люблю, насколько, то есть, можно любить женщину; у ней во всем доме нет ни одной книги, кроме календаря, и читать она не может иначе, как вслух — чувствует от этого упражнения испарину и жалуется потом, что у ней глаза пупом полезли... Словом, женщина она хорошая, и горничные у ней толстые. Зачем мне на нее клеветать?

— Ну! — заметила Дарья Михайловна, — взобрался Африкан Семеныч на своего конька — теперь не слезет с него до вечера.

— Мой конек... А у женщин их целых три, с которыми они никогда не слезают — разве когда спят.

— Какие же это три конька?

---

[1] Да ведь это ужас, что вы говорите, сударь (франц.).

— Попрек, намек и упрек.

— Знаете ли что, Африкан Семеныч, — начала Дарья Михайловна, — вы недаром так озлоблены на женщин. Какая-нибудь, должно быть, вас...

— Обидела, вы хотите сказать? — перебил ее Пигасов.

Дарья Михайловна немного смутилась; она вспомнила о несчастном браке Пигасова... и только головой кивнула.

— Меня одна женщина, точно, обидела, — промолвил Пигасов, — хоть и добрая была, очень добрая...

— Кто же это такая?

— Мать моя, — произнес Пигасов, понизив голос.

— Ваша мать? Чем же она могла вас обидеть?

— А тем, что родила...

Дарья Михайловна наморщила брови.

— Мне кажется, — заговорила она, — разговор наш принимает невеселый оборот... Constantin, сыграйте нам новый этюд Тальберга... Авось, звуки музыки укротят Африкана Семеныча. Орфей укрощал же диких зверей.

Константин Диомидыч сел за фортепьяно и сыграл этюд весьма удовлетворительно. Сначала Наталья Алексеевна слушала со вниманием, потом опять принялась за работу.

— Merci, c'est charmant [2], — промолвила Дарья Михайловна, — люблю Тальберга. Il est si distinque[3].Что вы задумались, Африкан Семеныч?

— Я думаю, — начал медленно Пигасов, — что есть три разряда эгоистов: эгоисты, которые сами живут и жить дают другим; эгоисты, которые сами живут и не дают жить другим; наконец эгоисты, которые и сами не живут и другим не дают... Женщины большею частию принадлежат к третьему разряду.

— Как это любезно! Одному я только удивляюсь,

---

[2] Благодарю, это очаровательно (франц.).

[3] Он так изыскан (франц.).

Африкан Семеныч, какая у вас самоуверенность в суждениях: точно вы никогда ошибиться не можете.

— Кто говорит! и я ошибаюсь; мужчина тоже может ошибаться. Но знаете ли, какая разница между ошибкою нашего брата и ошибкою женщины? Не знаете? Вот какая: мужчина может, например, сказать, что дважды два — не четыре, а пять или три с половиною; а женщина скажет, что дважды два — стеариновая свечка.

— Я уже это, кажется, слышала от вас... Но позвольте спросить, какое отношение имеет ваша мысль о трех родах эгоистов к музыке, которую вы сейчас слышали?

— Никакого, да я и не слушал музыки.

— Ну, ты, батюшка, я вижу, неисправим, хоть брось, — возразила Дарья Михайловна, слегка искажая грибоедовский стих. — Что же вы любите, коли вам и музыка не нравится? литературу, что ли?

— Я литературу люблю, да только не нынешнюю.

— Почему?

— А вот почему. Я недавно переезжал через Оку на пароме с каким-то барином. Паром пристал к крутому месту: надо было втаскивать экипажи на руках. У барина была коляска претяжелая. Пока перевозчики надсаживались, втаскивая коляску на берег, барин так кряхтел, стоя на пароме, что даже жалко его становилось ... Вот, подумал я, новое применение системы разделения работ! Так и нынешняя литература: другие везут, дело делают, а она кряхтит.

Дарья Михайловна улыбнулась.

— И это называется воспроизведением современного быта, — продолжал неугомонный Пигасов, — глубоким сочувствием к общественным вопросам и еще как-то... Ох, уж эти мне громкие слова!

— А вот женщины, на которых вы так нападаете, — те по крайней мере не употребляют громких слов.

Пигасов пожал плечом.

— Не употребляют, потому что не умеют.

Дарья Михайловна слегка покраснела.

— Вы начинаете дерзости говорить, Африкан Семеныч! — заметила она с принужденной улыбкой.

Все затихло в комнате.

— Где это Золотоноша? — спросил вдруг один из мальчиков у Басистова.

— В Полтавской губернии, мой милейший, — подхватил Пигасов, — в самой Хохландии. (Он обрадовался случаю переменить разговор.) — Вот мы толковали о литературе, — продолжал он, — если б у меня были лишние деньги, я бы сейчас сделался малороссийским поэтом.

— Это что еще? хорош поэт!— возразила Дарья Михайловна, — разве вы знаете по-малороссийски?

— Нимало; да оно и не нужно.

— Как не нужно?

— Да так же, не нужно. Стоит только взять лист бумаги и написать наверху: "Дума"; потом начать так: "Гой, ты доля моя, доля!" или: "Седе казачино Наливайко на кургане!", а там: "По-пид горою, по-пид зеленою, грае, грае воропае, гоп! гоп!" или что-нибудь в этом роде. И дело в шляпе. Печатай и издавай. Малоросс прочтет, подопрет рукою щеку и непременно заплачет, — такая чувствительная душа!

— Помилуйте! — воскликнул Басистов. — Что вы это такое говорите? Это ни с чем не сообразно. Я жил в Малороссии, люблю ее и язык ее знаю... "грае, грае воропае" — совершенная бессмыслица.

— Может быть, а хохол все-таки заплачет. Вы говорите: язык... Да разве существует малороссийский язык? Я попросил раз одного хохла перевести следующую, первую попавшуюся мне фразу: "Грамматика есть искусство правильно читать и   писать". Знаете, как он это перевел:

"Храматыка е выскусьтво правыльно чытаты ы пысаты... " Что ж, это язык, по-вашему? самостоятельный язык? Да скорей, чем с этим согласиться, я готов позволить лучшего своего друга истолочь в ступе...

Басистов хотел возражать.

— Оставьте его, — промолвила Дарья Михайловна, — ведь вы знаете, от него, кроме парадоксов, ничего не услышишь.

Пигасов язвительно улыбнулся. Лакей вошел и доложил о приезде Александры Павловны и ее брата.

Дарья Михайловна встала навстречу гостям.

— Здравствуйте, Alexandrine! — заговорила она, подходя к ней, — как вы умно сделали, что приехали... Здравствуйте, Сергей Павлыч!

Волынцев пожал Дарье Михайловне руку и подошел к Наталье Алексеевне.

— А что, этот барон, ваш новый знакомый, приедет сегодня? — спросил Пигасов.

— Да, приедет.

— Он, говорят, великий филозоф: так Гегелем и брызжет.

Дарья Михайловна ничего не отвечала, усадила Александру Павловну на кушетку и сама поместилась возле нее.

— Философия, — продолжал Пигасов, — высшая точка зрения! Вот еще смерть моя — эти высшие точки зрения. И что можно увидать сверху? Небось, коли захочешь лошадь купить, не с каланчи на нее смотреть станешь!

— Вам этот барон хотел привезти статью какую-то? — спросила Александра Павловна.

— Да, статью, — отвечала с преувеличенною небрежностью Дарья Михайловна, — об отношениях торговли к промышленности в России... Но не бойтесь: мы ее здесь читать не станем... я вас не за тем позвала. Le baron est aussi aimable que savant[4]. И так хорошо говорит по-русски! C'est un vrai torrent... il vous entraine[5].

— Так хорошо по-русски говорит, — проворчал Пигасов, — что заслуживает французской похвалы.

— Поворчите еще, Африкан Семеныч, поворчите... Это очень идет к вашей взъерошенной прическе... Однако что же он не едет? Знаете ли что, messieurs et mesdames, — прибавила Дарья Михайловна, взглянув кругом, — пойдемте в сад... До обеда еще около часу осталось, а погода славная...

Все общество поднялось и отправилось в сад.

Сад у Дарьи Михайловны доходил до самой реки. В нем было много старых липовых аллей, золотисто-темных и душистых, с изумрудными просветами по концам, много беседок из акаций и сирени.

Волынцев вместе с Натальей и m-lle Boncourt забрались в самую глушь сада. Волынцев шел рядом с Натальей и молчал. M-lle Boncourt следовала немного поодаль.

— Что же вы делали сегодня? — спросил, наконец, Волынцев, подергивая концы своих прекрасных темно-русых усов.

Он чертами лица очень походил на сестру; но в выражении их было меньше игры и жизни, и глаза его, красивые и ласковые, глядели как-то грустно.

— Да ничего, — отвечала Наталья, — слушала, как Пигасов бранится, вышивала по канве, читала.

— А что такое вы читали?

---

[4] Барон столь же любезен, как и учен (франц.).

[5] Это настоящий поток... он так и увлекает вас (франц.).

— Я читала... историю крестовых походов, — проговорила Наталья с небольшой запинкой.

Волынцев посмотрел на нее.

— А! — произнес он наконец, — это должно быть интересно.

Он сорвал ветку и начал вертеть ею по воздуху. Они прошли еще шагов двадцать.

— Что это за барон, с которым ваша матушка познакомилась? — спросил опять Волынцев.

— Камер-юнкер, приезжий; maman его очень хвалит.

— Ваша матушка способна увлекаться.

— Это доказывает, что она еще очень молода сердцем, — заметила Наталья.

— Да. Я скоро пришлю вам вашу лошадь. Она уже почти совсем выезжена. Мне хочется, чтобы она с места поднимала в галоп, и я этого добьюсь.

— Merci... Однако мне совестно. Вы сами ее выезжаете ... это, говорят, очень трудно...

— Чтобы доставить вам малейшее удовольствие, вы знаете, Наталья Алексеевна, я готов... я... и не такие пустяки...

Волынцев замялся.

Наталья дружелюбно взглянула на него и еще раз сказала: merci.

— Вы знаете — продолжал Сергей Павлыч после долгого молчанья, — что нет такой вещи... Но к чему я это говорю! ведь вы все знаете.

В это мгновение в доме прозвенел колокол.

— Ah! la cloche du diner! — воскликнула m-lle Boncourt. — Rentrons[6] .

"Quel dommage, — подумала про себя старая француженка, взбираясь на ступеньки балкона вслед за Волынцевым и Натальей, — quel dommage que ce charmant

---

[6] Ах! звонят к обеду! Вернемся (франц.).

garcon ait si peu de ressources dans la conversation..."[7] — что по-русски можно так перевести: ты, мой милый, мил, но плох немножко.

Барон к обеду не приехал. Его прождали с полчаса.

Разговор за столом не клеился. Сергей Павлыч только посматривал на Наталью, возле которой сидел, и усердно наливал ей воды в стакан. Пандалевский тщетно старался занять соседку свою, Александру Павловну: он весь закипал сладостью, а она чуть не зевала.

Басистов катал шарики из хлеба и ни о чем не думал; даже Пигасов молчал и, когда Дарья Михайловна заметила ему, что он очень нелюбезен сегодня, угрюмо ответил: "Когда же я бываю любезным? Это не мое дело..." и, усмехнувшись горько, прибавил: "Потерпите маленько. Ведь я квас, du prostoi русский квас; а вот ваш камер-юнкер..."

— Браво! — воскликнула Дарья Михайловна. — Пигасов ревнует, заранее ревнует!

Но Пигасов ничего не ответил ей и только посмотрел исподлобья.

Пробило семь часов, и все опять собрались в гостиную.

— Видно, не будет, — сказала Дарья Михайловна.

Но вот раздался стук экипажа, небольшой тарантас въехал на двор, и через несколько мгновений лакей вошел в гостиную и подал Дарье Михайловне письмо на серебряном блюдечке. Она пробежала его до конца и, обратясь к лакею, спросила:

— А где же господин, который привез это письмо?

— В экипаже сидит-с. Прикажете принять-с?

— Проси.

Лакей вышел.

— Вообразите, какая досада, — продолжала Дарья

---

[7] Какая жалость, что этот очаровательный молодой человек так ненаходчив в разговоре... (франц.).

Михайловна, — барон получил предписание тотчас вернуться в Петербург. Он прислал мне свою статью с одним господином Рудиным, своим приятелем. Барон хотел мне его представить — он очень его хвалил. Но как это досадно! я надеялась, что барон поживет здесь...

— Дмитрий Николаевич Рудин, — доложил лакей.

III

Вошел человек лет тридцати пяти, высокого роста, несколько сутуловатый, курчавый, смуглый, с лицом неправильным, но выразительным и умным, с жидким блеском в быстрых темно-синих глазах, с прямым широким носом и красиво очерченными губами. Платье на нем было не ново и узко, словно он из него вырос.

Он проворно подошел к Дарье Михайловне и, поклонясь коротким поклоном, сказал ей, что он давно желал иметь честь представиться ей и что приятель его, барон, очень сожалел о том, что не мог проститься лично.

Тонкий звук голоса Рудина не соответствовал его росту и его широкой груди.

— Садитесь... очень рада, — промолвила Дарья Михайловна и, познакомив его со всем обществом, спросила, здешний ли он, или заезжий.

— Мое имение в Т...ой губернии, — отвечал Рудин, держа шляпу на коленях, — а здесь я недавно. Я приехал по делу и поселился пока в вашем уездном городе.

— У кого?

— У доктора. Он мой старинный товарищ по университету.

— А! у доктора... Его хвалят. Он, говорят, свое дело разумеет. А с бароном вы давно знакомы?

— Я нынешней зимой в Москве с ним встретился и теперь провел у него около недели.

— Он очень умный человек, барон.

— Да-с.

Дарья Михайловна понюхала узелок носового платка, напитанный одеколоном.

— Вы служите? — спросила она.

— Кто? я-с?

— Да.

— Нет... Я в отставке.

Наступило небольшое молчание. Общий разговор возобновился.

— Позвольте полюбопытствовать, — начал Пигасов, обратясь к Рудину, — вам известно содержание статьи, присланной господином бароном?

— Известно.

— Статья эта трактует об отношениях торговли... или нет, бишь, промышленности к торговле, в нашем отечестве... Так, кажется, вы изволили выразиться, Дарья Михайловна?

— Да, она об этом, — проговорила Дарья Михайловна и приложила руку ко лбу.

— Я, конечно, в этих делах судья плохой, — продолжал Пигасов, — но я должен сознаться, что мне самое заглавие статьи кажется чрезвычайно... как бы это сказать поделикатнее?.. чрезвычайно темным и запутанным.

— Почему же оно вам так кажется?

Пигасов усмехнулся и посмотрел вскользь на Дарью Михайловну.

— А вам оно ясно? — проговорил он, снова обратив свое лисье личико к Рудину.

— Мне? Ясно.

— Гм... Конечно, это вам лучше знать.

— У вас голова болит? — спросила Александра Павловна Дарью Михайловну.

— Нет. Это у меня так... C'est nerveux[8].

— Позвольте полюбопытствовать, — заговорил опять носовым голоском Пигасов, — ваш знакомец, господин барон Муффель... так, кажется, их зовут?

— Точно так.

— Господин барон Муффель специально занимается политической экономией или только так, посвящает этой интересной науке часы досуга, остающегося среди светских удовольствий и занятий по службе?

Рудин пристально посмотрел на Пигасова.

— Барон в этом деле дилетант, — отвечал он, слегка краснея, — но в его статье много справедливого и любопытного.

— Не могу спорить с вами, не зная статьи... Но, смею спросить, сочинение вашего приятеля, барона Муффеля, вероятно, более придерживается общих рассуждений, нежели фактов?

— В нем есть и факты и рассуждения, основанные на фактах.

— Так-с, так-с. Доложу вам, по моему мнению... а я могу-таки при случае свое слово молвить; я три года в Дерпте выжил... все эти так называемые общие рассуждения, гипотезы там, системы... извините меня, я провинциал, правду-матку режу прямо... никуда не годятся. Это все одно умствование — этим только людей морочат. Передавайте, господа, факты, и будет с вас.

— В самом деле! — возразил Рудин. — Ну, а смысл фактов передавать следует?

— Общие рассуждения!— продолжал Пигасов, — смерть моя эти общие рассуждения, обозрения, заключения! Все это основано на так называемых убеждениях; всякий толкует о

---

[8] Это нервное (франц.).

своих убеждениях и еще уважения к ним требует, носится с ними... Эх!

И Пигасов потряс кулаком в воздухе. Пандалевский рассмеялся.

— Прекрасно! — промолвил Рудин, — стало быть, по-вашему, убеждений нет?

— Нет — и не существует.

— Это ваше убеждение?

— Да.

— Как же вы говорите, что их нет? Вот вам уже одно на первый случай.

Все в комнате улыбнулись и переглянулись.

— Позвольте, позвольте, однако, — начал было Пигасов...

Но Дарья Михайловна захлопала в ладоши, воскликнула: " Браво, браво, разбит Пигасов, разбит!" — и тихонько вынула шляпу из рук Рудина.

— Погодите радоваться, сударыня: успеете! — заговорил с досадой Пигасов. — Недостаточно сказать с видом превосходства острое словцо: надобно доказать, опровергнуть... Мы отбились от предмета спора.

— Позвольте, — хладнокровно заметил Рудин, — дело очень просто. Вы не верите в пользу общих рассуждений, вы не верите в убеждения...

— Не верю, не верю, ни во что не верю.

— Очень хорошо. Вы скептик.

— Не вижу необходимости употреблять такое ученое слово. Впрочем...

— Не перебивайте же! — вмешалась Дарья Михайловна.

"Кусь, кусь, кусь!" — сказал про себя в это мгновенье Пандалевский и весь осклабился.

— Это слово выражает мою мысль, — продолжал Рудин. — Вы его понимаете: отчего же не употреблять его? Вы ни во что не верите... Почему же верите вы в факты?

28

— Как почему? вот прекрасно! Факты — дело известное, всякий знает, что такое факты... Я сужу о них по опыту, по собственному чувству.

— Да разве чувство не может обмануть вас! Чувство вам говорит, что солнце вокруг земли ходит... или, может быть, вы не согласны с Коперником? Вы и ему не верите?

Улыбка опять промчалась по всем лицам, и глаза всех устремились на Рудина. "А он человек неглупый", — подумал каждый.

— Вы все изволите шутить, — заговорил Пигасов. — Конечно, это очень оригинально, но к делу нейдет.

— В том, что я сказал до сих пор, — возразил Рудин, — к сожалению, слишком мало оригинального. Это все очень давно известно и тысячу раз было говорено. Дело не в том...

— А в чем же? — спросил не без наглости Пигасов.

В споре он сперва подтрунивал над противником, потом становился грубым, а наконец дулся и умолкал.

— Вот в чем, — продолжал Рудин, — я, признаюсь, не могу не чувствовать искреннего сожаления, когда умные люди при мне нападают...

— На системы? — перебил Пигасов.

— Да, пожалуй, хоть на системы. Что вас пугает так это слово? Всякая система основана на знании основных законов, начал жизни.

— Да их узнать, открыть их нельзя... помилуйте!

— Позвольте. Конечно, не всякому они доступны, и человеку свойственно ошибаться. Однако вы, вероятно, согласитесь со мною, что, например, Ньютон открыл хотя некоторые из этих основных законов. Он был гений, положим; но открытия гениев тем и велики, что становятся достоянием всех. Стремление к отысканию общих начал в частных явлениях есть одно из коренных свойств человеческого ума, и вся наша образованность...

— Вот вы куда-с!— перебил растянутым голосом

Пигасов. — Я практический человек и во все эти метафизические тонкости не вдаюсь и не хочу вдаваться.

— Прекрасно! Это в вашей воле. Но заметьте, что самое ваше желание быть исключительно практическим человеком есть уже своего рода система, теория...

— Образованность! говорите вы, — подхватил Пигасов, — вот еще чем удивить вздумали! Очень нужна она, эта хваленая образованность! Гроша медного не дам я за вашу образованность!

— Однако как вы дурно спорите, Африкан Семеныч! — заметила Дарья Михайловна, внутренно весьма довольная спокойствием и изящной учтивостью нового своего знакомца. — "C'est un homme comme il faut [9]‚— подумала она, с доброжелательным вниманием взглянув в лицо Рудину. — Надо его приласкать". Эти последние слова она мысленно произнесла по-русски.

— Образованность я защищать не стану, — продолжал, помолчав немного, Рудин, — она не нуждается в моей защите. Вы ее не любите... у всякого свой вкус. Притом это завело бы нас слишком далеко. Позвольте вам только напомнить старинную поговорку: "Юпитер, ты сердишься: стало быть, ты виноват". Я хотел сказать, что все эти нападения на системы, на общие рассуждения и так далее потому особенно огорчительны, что вместе с системами люди отрицают вообще знание, науку и веру в нее, стало быть и веру в самих себя, в свои силы. А людям нужна эта вера: им нельзя жить одними впечатлениями, им грешно бояться мысли и не доверять ей. Скептицизм всегда отличался бесплодностью и бессилием...

— Это все слова! — пробормотал Пигасов.

— Может быть. Но позвольте вам заметить, что, говоря: "Это все слова!" — мы часто сами желаем от делаться от необходимости сказать что-нибудь подельнее одних слов.

[9] Это светский человек (франц.).

— Чего-с? — спросил Пигасов и прищурил глаза.

— Вы поняли, что я хотел сказать вам, — возразил с невольным, но тотчас сдержанным нетерпением Рудин. — Повторяю, если у человека нет крепкого начала, в которое он верит, нет почвы, на которой он стоит твердо, как может он дать себе отчет в потребностях, в значении, в будущности своего народа? как может он знать, что он должен сам делать, если...

— Честь и место! — отрывисто проговорил Пигасов, поклонился и отошел в сторону, ни на кого не глядя.

Рудин посмотрел на него, усмехнулся слегка и умолк.

— Ага! обратился в бегство! — заговорила Дарья Михайловна. — Не беспокойтесь, Дмитрий... Извините, — прибавила она с приветливой улыбкой, — как вас по батюшке?

— Николаич.

— Не беспокойтесь, любезный Дмитрий Николаич! Он никого из нас не обманул. Он желает показать вид, что не хочет больше спорить... Он чувствует, что не может спорить с вами. А вы лучше подсядьте-ка к нам поближе, да поболтаемте.

Рудин пододвинул свое кресло.

— Как это мы до сих пор не познакомились? — продолжала Дарья Михайловна. — Это меня удивляет... Читали ли вы эту книгу? C'est de Tocqueville, vous savez?[10]

И Дарья Михайловна протянула Рудину французскую брошюру.

Рудин взял тоненькую книжонку в руки, перевернул в ней несколько страниц и, положив ее обратно на стол, отвечал, что собственно этого сочинения г. Токвиля он не читал, но часто размышлял о затронутом им вопросе. Разговор завязался. Рудин сперва как будто колебался, не решался

---

[10] Это Токвиля, вы знаете? (франц.).

высказаться, не находил слов, но, наконец, разгорелся и заговорил. Через четверть часа один его голос раздавался в комнате. Все столпились в кружок около него.

Один Пигасов оставался в отдалении, в углу, подле камина. Рудин говорил умно, горячо, дельно; выказал много знания, много начитанности. Никто не ожидал найти в нем человека замечательного... Он был так посредственно одет, о нем так мало ходило слухов. Всем непонятно казалось и странно, каким это образом вдруг, в деревне, мог проявиться такой умница. Тем более удивил он и, можно сказать, очаровал всех, начиная с Дарьи Михайловны... Она гордилась своей находкой и уже заранее думала о том, как она выведет Рудина в свет. В первых ее впечатлениях было много почти детского, несмотря на ее года. Александра Павловна, правду сказать, поняла мало изо всего, что говорил Рудин, но была очень удивлена и обрадована; брат ее тоже дивился; Пандалевский наблюдал за Дарьей Михайловной и завидовал; Пигасов думал: "Дам пятьсот рублей — еще лучше соловья достану!"... Но больше всех были поражены Басистов и Наталья. У Басистова чуть дыханье не захватило; он сидел все время с раскрытым ртом и выпученными глазами — и слушал, слушал, как отроду не слушал никого, а у Натальи лицо покрылось алой краской, и взор ее, неподвижно устремленный на Рудина, и потемнел и заблистал...

— Какие у него славные глаза! — шепнул ей Волынцев.

— Да, хороши.

— Жаль только, что руки велики и красны.

Наталья ничего не отвечала.

Подали чай. Разговор стал более общим, но уже по одной внезапности, с которой все замолкали, лишь только Рудин раскрывал рот, можно было судить о силе произведенного им впечатления. Дарье Михайловне вдруг захотелось подразнить Пигасова. Она подошла к нему и вполголоса проговорила:

"Что же вы молчите и только улыбаетесь язвительно? Попытайтесь-ка, схватитесь с ним опять", — и, не дождавшись его ответа, подозвала рукою Рудина.

— Вы про него еще одной вещи не знаете, — сказала она ему, указывая на Пигасова, — он ужасный ненавистник женщин, беспрестанно нападает на них; пожалуйста, обратите его на путь истины.

Рудин посмотрел на Пигасова... поневоле свысока: он был выше его двумя головами. Пигасова чуть не покоробило со злости, и желчное лицо его побледнело.

— Дарья Михайловна ошибается, — начал он неверным голосом, — я не на одних женщин нападаю: я до всего человеческого рода не большой охотник.

— Что же вам могло дать такое дурное мнение о нем? — спросил Рудин.

Пигасов глянул ему прямо в глаза.

— Вероятно, изучение собственного сердца, в котором я с каждым днем открываю все более и более дряни. Я сужу о других по себе. Может быть, это и несправедливо, и я гораздо хуже других; но что прикажете делать? привычка!

— Я вас понимаю и сочувствую вам, — возразил Рудин. — Какая благородная душа не испытала жажды самоуничижения? Но не следует останавливаться на этом безвыходном положении.

— Покорно благодарю за выдачу моей душе аттестата в благородстве, — возразил Пигасов, — а положение мое — ничего, недурно, так что если даже есть из него выход, то бог с ним! я его искать не стану.

— Но это значит — извините за выражение — предпочитать удовлетворение своего самолюбия желанию быть и жить в истине...

— Да еще бы! — воскликнул Пигасов, — самолюбие — это и я понимаю, и вы, надеюсь, понимаете, и всякий понимает; а истина — что такое истина? Где она, эта истина?

— Вы повторяетесь, предупреждаю вас, — заметила Дарья Михайловна.

Пигасов поднял плечи.

— Так что ж за беда? Я спрашиваю: где истина? Даже философы не знают, что она такое. Кант говорит: вот она, мол, что; а Гегель — нет, врешь, она вот что.

— А вы знаете, что говорит о ней Гегель? — спросил, не возвышая голоса, Рудин.

— Я повторяю, — продолжал разгорячившийся Пигасов, — что я не могу понять, что такое истина. По-моему, ее вовсе и нет на свете, то есть слово-то есть, да самой вещи нету.

— Фи! фи! — воскликнула Дарья Михайловна, — как вам не стыдно это говорить, старый вы грешник! Истины нет? Для чего же жить после этого на свете?

— Да уж я думаю, Дарья Михайловна, — возразил с досадой Пигасов, — что вам во всяком случае легче было бы жить без истины, чем без вашего повара Степана, который такой мастер варить бульоны! И на что вам истина, скажите на милость? ведь чепчика из нее сшить нельзя!

— Шутка не возражение, — заметила Дарья Михайловна, — особенно, когда сбивается на клевету...

— Не знаю, как истина, а правда, видно, глаза колет, — пробормотал Пигасов и с сердцем отошел в сторону.

А Рудин заговорил о самолюбии, и очень дельно заговорил. Он доказывал, что человек без самолюбия ничтожен, что самолюбие — архимедов рычаг, которым землю с места можно сдвинуть, но что в то же время тот только заслуживает название человека, кто умеет овладеть своим самолюбием, как всадник конем, кто свою личность приносит в жертву общему благу...

— Себялюбие, — так заключил он, — самоубийство. Себялюбивый человек засыхает словно одинокое, бесплодное дерево; но самолюбие, как деятельное стремление к совершенству, есть источник всего великого... Да! человеку надо надломить упорный эгоизм своей личности, чтобы дать ей право себя высказывать!

— Не можете ли вы одолжить мне карандашика? — обратился Пигасов к Басистову.

Басистов не тотчас понял, что у него спрашивал Пигасов.

— Зачем вам карандаш? — проговорил он наконец.

— Хочу записать вот эту последнюю фразу господина Рудина. Не записав, позабудешь, чего доброго! А согласитесь сами, такая фраза все равно, что большой шлем в ералаши.

— Есть вещи, над которыми смеяться и трунить грешно, Африкан Семеныч! — с жаром проговорил Басистов и отвернулся от Пигасова.

Между тем Рудин подошел к Наталье. Она встала: лицо ее выразило замешательство.

Волынцев, сидевший подле нее, тоже встал.

— Я вижу фортепьяно, — начал Рудин мягко и ласково, как путешествующий принц, — не вы ли играете на нем?

— Да, я играю, — проговорила Наталья, — но не очень хорошо. Вот Константин Диомидыч гораздо лучше меня играет.

Пандалевский выставил свое лицо и оскалил зубы.

— Напрасно вы это говорите, Наталья Алексеевна: вы играете нисколько не хуже меня.

— Знаете ли вы "Erlkonig"[11] Шуберта? — спросил Рудин.

— Знает, знает! — подхватила Дарья Михайловна. — Садитесь, Constantin... А вы любите музыку, Дмитрий Николаич?

Рудин только наклонил слегка голову и провел рукой по волосам, как бы готовясь слушать... Пандалевский заиграл.

Наталья встала возле фортепьяно, прямо напротив Рудина. С первым звуком лицо его приняло прекрасное

---

[11] "Лесной царь" (нем.).

выражение. Его темно-синие глаза медленно блуждали, изредка останавливаясь на Наталье. Панадалевский кончил.

Рудин ничего не сказал и подошел к раскрытому окну. Душистая мгла лежала мягкой пеленою над садом; дремотной свежестью дышали близкие деревья. Звезды тихо теплились. Летняя ночь и нежилась и нежила. Рудин поглядел в темный сад — и обернулся.

— Эта музыка и эта ночь, — заговорил он, — напомнили мне мое студенческое время в Германии: наши сходки, наши серенады...

— А вы были в Германии? — спросила Дарья Михайловна.

— Я провел год в Гейдельберге и около года в Берлине.

— И одевались студентом? Говорят, они там как-то особенно одеваются.

— В Гейдельберге я носил большие сапоги со шпорами и венгерку со шнурками и волосы отрастил до самых плеч... В Берлине студенты одеваются, как все люди.

— Расскажите нам что-нибудь из вашей студенческой жизни, — промолвила Александра Павловна.

Рудин начал рассказывать. Рассказывал он не совсем удачно. В описаниях его недоставало красок. Он не умел смешить. Впрочем, Рудин от рассказов своих заграничных похождений скоро перешел к общим рассуждениям о значении просвещения и науки, об университетах и жизни университетской вообще. Широкими и смелыми чертами набросал он громадную картину. Все слушали его с глубоким вниманием. Он говорил мастерски, увлекательно, не совсем ясно... но самая эта неясность придавала особенную прелесть его речам.

Обилие мыслей мешало Рудину выражаться определительно и точно. Образы сменялись образами; сравнения, то неожиданно смелые, то поразительно верные, возникали за сравнениями. Не самодовольной изысканностью опытного говоруна — вдохновением дышала его нетерпеливая импровизация. Он не искал слов: они сами послушно и свободно приходили к нему на уста, и каждое слово, казалось, так и лилось прямо из души, пылало всем жаром убеждения. Рудин владел едва ли не высшей тайной — музыкой красноречия. Он умел, ударяя по одним струнам сердец, заставлять смутно звенеть и дрожать все другие. Иной слушатель, пожалуй, и не понимал в точности, о чем шла речь; но грудь его высоко поднималась, какие-то завесы разверзались перед его глазами, что-то лучезарное загоралось впереди.

Все мысли Рудина казались обращенными в будущее; это придавало им что-то стремительное и молодое ... Стоя у окна, не глядя ни на кого в особенности, он говорил — и, вдохновенный общим сочувствием и вниманием, близостию молодых женщин, красотою ночи, увлеченный потоком собственных ощущений, он возвысился до красноречия, до поэзии... Самый звук его голоса, сосредоточенный и тихий, увеличивал обаяние; казалось, его устами говорило что-то высшее, для него самого неожиданное... Рудин говорил о том, что придает вечное значение временной жизни человека.

— Помню я одну скандинавскую легенду, — так кончил он. — Царь сидит с своими воинами в темном и длинном сарае, вокруг огня. Дело происходит ночью, зимой. Вдруг небольшая птичка влетает в раскрытые двери и вылетает в другие. Царь замечает, что эта птичка, как человек в мире: прилетела из темноты и улетела в темноту, и недолго побыла в тепле и свете... "Царь, — возражает самый старый из воинов, — птичка и во тьме не пропадет и гнездо свое сыщет..." Точно, наша жизнь быстра и ничтожна; но все великое совершается через людей. Сознание быть орудием тех высших сил должно заменить человеку все другие радости: в самой смерти найдет он свою жизнь, свое гнездо...

Рудин остановился и потупил глаза с улыбкой невольного смущения.

— Vous etes un poete[12], — вполголоса проговорила Дарья Михайловна.

И все с ней внутренно согласились — все, исключая Пигасова. Не дождавшись конца длинной речи Рудина, он тихонько взял шляпу и, уходя, озлобленно прошептал стоявшему близ двери Пандалевскому:

— Нет! поеду к дуракам!

Впрочем, никто его не удерживал и не заметил его отсутствия.

Люди внесли ужин, и, полчаса спустя, все разъехались и разошлись. Дарья Михайловна упросила Рудина остаться ночевать. Александра Павловна, возвращаясь с братом домой в карете, несколько раз принималась ахать и удивляться необыкновенному уму Рудина. Волынцев соглашался с ней, однако заметил, что он иногда выражается немного темно... то есть не совсем вразумительно, прибавил он, желая, вероятно, пояснить свою мысль; но лицо его омрачилось, и взгляд, устремленный в угол кареты, казался еще грустнее.

Пандалевский, ложась спать и снимая свои вышитые шелком помочи, проговорил вслух: "Очень ловкий человек!" — и вдруг, сурово взглянув на своего казачка-камердинера, приказал ему выйти. Басистов целую ночь не спал и не раздевался, он до самого утра все писал письмо к одному своему товарищу в Москву; а Наталья хотя и разделась и легла в постель, но тоже ни на минуту не уснула и не закрывала даже глаз. Подперши голову рукою, она глядела пристально в темноту; лихорадочно бились ее жилы, и тяжелый вздох часто приподнимал ее грудь.

---

[12] Вы — поэт (франц.).

IV

На другое утро Рудин только что успел одеться, как явился к нему человек от Дарьи Михайловны с приглашением пожаловать к ней в кабинет и откушать с ней чай. Рудин застал ее одну. Она очень любезно с ним поздоровалась, осведомилась, хорошо ли он провел ночь, сама налила ему чашку чаю, спросила даже, довольно ли сахару, предложила ему папироску и раза два опять повторила, что удивляется, как она давно с ним не познакомилась. Рудин сел было несколько поодаль; но Дарья Михайловна указала ему на небольшое пате, стоявшее подле ее кресла, и, слегка наклонясь в его сторону, начала расспрашивать его об его семействе, об его намерениях и предположениях. Дарья Михайловна говорила небрежно, слушала рассеянно; но Рудин очень хорошо понимал, что она ухаживала за ним, чуть не льстила ему. Недаром же она устроила это утреннее свидание, недаром оделась просто, но изящно, a la madame Recamier![13] Впрочем, Дарья Михайловна скоро перестала его расспрашивать: она начала ему рассказывать о себе, о своей молодости, о людях, с которыми она зналась. Рудин с участием внимал ее разглагольствованиям, хотя — странное дело! — о каком бы лице ни заговорила Дарья Михайловна, на первом плане оставалась все-таки она, она одна, а то лицо как-то скрадывалось и исчезало. Зато Рудин узнал в подробности, что именно Дарья Михайловна говорила такому-то известному сановнику, какое она имела влияние на такого-то знаменитого поэта. Судя по рассказам Дарьи Михайловны, можно было подумать, что все замечательные люди последнего двадцатипятилетия только о том и мечтали,

---

[13] наподобие госпожи Рекамье! (франц.).

как бы повидаться с ней, как бы заслужить ее расположение. Она говорила о них просто, без особенных восторгов и похвал, как о своих, называя иных чудаками. Она говорила о них, и, как богатая оправа вокруг драгоценного камня, имена их ложились блестящей каймой вокруг главного имени — вокруг Дарьи Михайловны...

А Рудин слушал, покуривал папироску и молчал, лишь изредка вставляя в речь разболтавшейся барыни небольшие замечания. Он умел и любил говорить; вести разговор было не по нем, но он умел также слушать. Всякий, кого он только не запугивал сначала, доверчиво распускался в его присутствии: так охотно и одобрительно следил он за нитью чужого рассказа. В нем было много добродушия, — того особенного добродушия, которым исполнены люди, привыкшие чувствовать себя выше других. В спорах он редко давал высказываться своему противнику и подавлял его своей стремительной и страстной диалектикой.

Дарья Михайловна изъяснялась по-русски. Она щеголяла знанием родного языка, хотя галлицизмы, французские словечки попадались у ней частенько. Она с намерением употребляла простые народные обороты, но не всегда удачно. Ухо Рудина не оскорблялось странной пестротою речи в устах Дарьи Михайловны, да и вряд ли имел он на это ухо.

Дарья Михайловна утомилась наконец и, прислонясь головой к задней подушке кресел, устремила глаза на Рудина и умолкла.

— Я теперь понимаю, — начал медленным голосом Рудин, — я понимаю, почему вы каждое лето приезжаете в деревню. Вам этот отдых необходим; деревенская тишина, после столичной жизни, освежает и укрепляет вас. Я уверен, что вы должны глубоко сочувствовать красотам природы.

Дарья Михайловна искоса посмотрела на Рудина.

— Природа... да... да, конечно... я ужасно ее люблю; но

знаете ли, Дмитрий Николаич, и в деревне нельзя без людей. А здесь почти никого нет. Пигасов самый умный человек здесь.

— Вчерашний сердитый старик? — спросил Рудин.

— Да, этот. В деревне, впрочем, и он годится — хоть рассмешит иногда.

— Он человек неглупый, — возразил Рудин, — но он на ложной дороге. Я не знаю, согласитесь ли вы со мною, Дарья Михайловна, но в отрицании — в отрицании полном и всеобщем — нет благодати. Отрицайте все, и вы легко можете прослыть за умницу: это уловка известная. Добродушные люди сейчас готовы заключить, что вы стоите выше того, что отрицаете. А это часто неправда. Во-первых, во всем можно сыскать пятна, а во-вторых, если даже вы и дело говорите, вам же хуже: ваш ум, направленный на одно отрицание, беднеет, сохнет. Удовлетворяя ваше самолюбие, вы лишитесь истинных наслаждений созерцания; жизнь — сущность жизни — ускользает от вашего мелкого и желчного наблюдения, и вы кончите тем, что будете лаяться и смешить. Порицать, бранить имеет право только тот, кто любит.

— Voila m-r Pigassoff enterre [14], — проговорила Дарья Михайловна. — Какой вы мастер определять человека! Впрочем, Пигасов, вероятно, и не понял бы вас. А любит он только собственную свою особу.

— И бранит ее для того, чтобы иметь право бранить других, — подхватил Рудин.

Дарья Михайловна засмеялась.

— С больной... как это говорится... с больного на здорового. Кстати, что вы думаете о бароне?

— О бароне? Он хороший человек, с добрым сердцем и знающий... но в нем нет характера... и он весь свой век останется полуученым, полусветским человеком, то есть дилетантом, то есть, говоря без обиняков, — ничем... А жаль!

---

[14] Вот господин Пигасов и уничтожен (франц.).

— Я сама того же мнения, — возразила Дарья Михайловна. — Я читала его статью... Entre nous... cela a assez peu de fond[15].

— Кто же еще у вас тут есть? — спросил, помолчав, Рудин.

Дарья Михайловна отряхнула пятым пальцем пепел с пахитоски.

— Да больше почти никого нет. Липина, Александра Павловна, которую вы вчера видели: она очень мила, но и только. Брат ее — тоже прекрасный человек, un parfait honnete homme[16]. Князя Гарина вы знаете. Вот и все. Есть еще два-три соседа, но те уже совсем ничего. Либо ломаются — претензии страшные, — либо дичатся, или уж некстати развязны. Барынь я, вы знаете, не вижу. Есть еще один сосед, очень, говорят, образованный, даже ученый человек, но чудак ужасный, фантазер. Alexandrine его знает и, кажется, к нему неравнодушна... Вот вам бы заняться ею, Дмитрий Николаич: это милое существо; ее надо только развить немножко, непременно надо ее развить!

— Она очень симпатична, — заметил Рудин.

— Совершенное дитя, Дмитрий Николаич, ребенок настоящий. Она была замужем, mais c'est tout comme[17]. Если б я была мужчина, я только в таких бы женщин влюблялась.

— Неужели?

— Непременно. Такие женщины по крайней мере свежи, а уж под свежесть подделаться нельзя.

— А подо все другое можно? — спросил Рудин и засмеялся, что с ним случалось очень редко. Когда он смеялся, лицо его принимало странное, почти старческое выражение, глаза ежились, нос морщился...

---

[15] Между нами... это не очень основательно (франц.).

[16] вполне порядочный человек (франц.).

[17] но это не имеет значения (франц.).

— А кто же такой этот, как вы говорите, чудак, к которому госпожа Липина неравнодушна? — спросил он.

— Некто Лежнев, Михайло Михайлыч, здешний помещик.

Рудин изумился и поднял голову.

— Лежнев, Михайло Михайлыч? — спросил он, — разве он сосед ваш?

— Да. А вы его знаете?

Рудин помолчал.

— Я его знавал прежде... тому давно. Ведь он, кажется, богатый человек? — прибавил он, пощипывая рукою бахрому кресла.

— Да, богатый, хотя одевается ужасно и ездит на беговых дрожках, как приказчик. Я желала залучить его к себе: он, говорят, умен; у меня же с ним дело есть... Ведь, вы знаете, я сама распоряжаюсь моим имением?

Рудин наклонил голову.

— Да, сама, — продолжала Дарья Михайловна, — я никаких иностранных глупостей не ввожу, придерживаюсь своего, русского, и видите, дела, кажется, идут недурно, — прибавила она, проведя рукой кругом.

— Я всегда был убежден, — заметил вежливо Рудин, — в крайней несправедливости тех людей, которые отказывают женщинам в практическом смысле.

Дарья Михайловна приятно улыбнулась.

— Вы очень снисходительны, — промолвила она, — но что, бишь, я хотела сказать? О чем мы говорили? Да! о Лежневе. У меня с ним дело по размежеванию. Я его несколько раз приглашала к себе, и даже сегодня я его жду; но он, бог его знает, не едет... такой чудак!

Полог перед дверью тихо распахнулся, и вошел дворецкий, человек высокого роста, седой и плешивый, в черном фраке, белом галстухе и белом жилете.

— Что ты? — спросила Дарья Михайловна и, слегка

обратясь к Рудину, прибавила вполголоса: — N'est ce pas, comme il ressemble a Canning?[18]

— Михайло Михайлыч Лежнев приехали, — доложил дворецкий, — прикажете принять?

— Ах, боже мой!— воскликнула Дарья Михайловна, — вот легок на помине. Проси!

Дворецкий вышел.

— Такой чудак, приехал наконец, и то некстати: наш разговор перервал.

Рудин поднялся с места, но Дарья Михайловна его остановила.

— Куда же вы? Мы можем толковать и при вас. А я желаю, чтобы вы и его определили, как Пигасова. Когда вы говорите, vous gravez comme avec un burin[19] Останьтесь.

Рудин хотел было что-то сказать, но подумал и остался.

Михайло Михайлыч, уже знакомый читателю, вошел в кабинет. На нем было то же серое пальто, и в загорелых руках он держал ту же старую фуражку. Он спокойно поклонился Дарье Михайловне и подошел к чайному столу.

— Наконец-то вы пожаловали к нам, мосье Лежнев! — проговорила Дарья Михайловна. — Прошу садиться. Вы, я слышала, знакомы, — продолжала она, указывая на Рудина.

Лежнев взглянул на Рудина и как-то странно улыбнулся.

— Я знаю господина Рудина, — промолвил он с небольшим поклоном.

— Мы вместе были в университете, — заметил вполголоса Рудин и опустил глаза.

— Мы и после встречались, — холодно проговорил Лежнев.

Дарья Михайловна посмотрела с некоторым изумлением на обоих и попросила Лежнева сесть. Он сел.

---

[18] Не правда ли, как он похож на Каннинга? (франц.).

[19] вы точно резцом высекаете (франц.).

— Вы желали меня видеть, — начал он, — насчет размежевания?

— Да, насчет размежевания, но я и так-таки желала вас видеть. Ведь мы близкие соседи и чуть ли не сродни.

— Очень вам благодарен, — возразил Лежнев, — что же касается до размежевания, то мы с вашим управляющим совершенно покончили это дело: я на все его предложения согласен.

— Я это знала.

— Только он мне сказал, что без личного свидания с вами бумаги подписать нельзя.

— Да; это у меня уж так заведено. Кстати, позвольте спросить, ведь у вас, кажется, все мужики на оброке?

— Точно так.

— И вы сами хлопочете о размежевании? Это похвально.

Лежнев помолчал.

— Вот я и явился для личного свидания, — проговорил он.

Дарья Михайловна усмехнулась.

— Вижу, что явились. Вы говорите это таким тоном... Вам, должно быть, очень не хотелось ко мне ехать.

— Я никуда не езжу, — возразил флегматически Лежнев.

— Никуда? А к Александре Павловне вы ездите?

— Я с ее братом давно знаком.

— С ее братом! Впрочем, я никого не принуждаю... Но, извините меня, Михайло Михайлыч, я старше вас годами и могу вас пожурить: что вам за охота жить этаким бирюком? Или собственно мой дом вам не нравится? я вам не нравлюсь?

— Я вас не знаю, Дарья Михайловна, и потому вы мне не нравиться не можете. Дом у вас прекрасный; но, признаюсь вам откровенно, я не люблю стеснять себя. У меня и фрака порядочного нет, перчаток нет; да я и не принадлежу к вашему кругу.

— По рождению, по воспитанию вы принадлежите к нему, Михайло Михайлыч! vous etes de notres[20].

— Рождение и воспитание в сторону, Дарья Михайловна! Дело не в том...

— Человек должен жить с людьми, Михайло Михайлыч! Что за охота сидеть, как Диоген в бочке?

— Во-первых, ему там было очень хорошо; а во-вторых, почему вы знаете, что я не с людьми живу?

Дарья Михайловна закусила губы.

— Это другое дело! Мне остается только сожалеть о том, что я не удостоилась попасть в число людей, с которыми вы знаетесь.

— Мосье Лежнев, — вмешался Рудин, — кажется, преувеличивает весьма похвальное чувство — любовь к свободе.

Лежнев ничего не ответил и только взглянул на Рудина. Наступило небольшое молчание.

— Итак-с, — начал Лежнев, поднимаясь, — я могу считать наше дело поконченным и сказать вашему управляющему, чтобы он прислал ко мне бумаги.

— Можете... хотя, признаться, вы так нелюбезны... мне бы следовало отказать вам.

— Да ведь это размежевание гораздо выгоднее для вас, чем для меня.

Дарья Михайловна пожала плечами.

— Вы не хотите даже позавтракать у меня? — спросила она.

— Покорно вас благодарю: я никогда не завтракаю, да и тороплюсь домой.

Дарья Михайловна встала.

---

[20] вы нашего круга (франц.).

— Я вас не удерживаю, — промолвила она, подходя к окну, — не смею вас удерживать.

Лежнев начал раскланиваться.

— Прощайте, мосье Лежнев! Извините, что обеспокоила вас.

— Ничего, помилуйте, — возразил Лежнев и вышел.

— Каков? — спросила Дарья Михайловна у Рудина. — Я слыхала про него, что он чудак; но ведь уж это из рук вон!

— Он страдает той же болезнью, как и Пигасов, — проговорил Рудин, — желаньем быть оригинальным. Тот прикидывается Мефистофелем, этот — циником. Во всем этом много эгоизма, много самолюбия и мало истины, мало любви. Ведь это тоже своего рода расчет: надел на себя человек маску равнодушия и лени, авось, мол, кто-нибудь подумает: вот человек, сколько талантов в себе погубил! А поглядеть попристальнее — и талантов-то в нем никаких нет.

— Et de deux![21] — промолвила Дарья Михайловна. — Вы ужасный человек на определения. От вас не скроешься.

— Вы думаете? — промолвил Рудин... — Впрочем, — продолжал он, — по-настоящему, мне бы не следовало говорить о Лежневе; я его любил, любил, как друга... но потом, вследствие различных недоразумений ...

— Вы рассорились?

— Нет. Но мы расстались, и расстались, кажется, навсегда.

— То-то я заметила, вы во все время его посещения были как будто не по себе... Однако я весьма вам благодарна за сегодняшнее утро. Я чрезвычайно приятно провела время. Но надо же и честь знать. Отпускаю вас до завтрака, а сама иду заниматься делами. Мой секретарь, вы его видели — Constantin, c'est lui qui est mon secretaire[22], — должно быть,

---

[21] Вот и второй! (франц.).

[22] Константин — это и есть мой секретарь (франц.).

уже ждет меня. Рекомендую его вам: он прекрасный, преуслужливый молодой человек и в совершенном восторге от вас. До свидания, cher Дмитрий Николаич! Как я благодарна барону за то, что он познакомил меня с вами!

И Дарья Михайловна протянула Рудину руку. Он сперва пожал ее, потом поднес к губам и вышел в залу, а из залы на террасу. На террасе он встретил Наталью.

V

Дочь Дарьи Михайловны, Наталья Алексеевна, с первого взгляда могла не понравиться. Она еще не успела развиться, была худа, смугла, держалась немного сутуловато. Но черты ее лица были красивы и правильны, хотя слишком велики для семнадцатилетней девушки. Особенно хорош был ее чистый и ровный лоб над тонкими, как бы надломленными посередине бровями. Она говорила мало, слушала и глядела внимательно, почти пристально, — точно она себе во всем хотела дать отчет. Она часто оставалась неподвижной, опускала руки и задумывалась; на лице ее выражалась тогда внутренняя работа мыслей... Едва заметная улыбка появится вдруг на губах и скроется; большие темные глаза тихо подымутся... "Qu'avez-vous?"[23] ,— спросит ее m-lle Boncourt и начнет бранить ее, говоря, что молодой девице неприлично задумываться и принимать рассеянный вид. Но Наталья не была рассеянна: напротив, она училась прилежно, читала и работала охотно. Она чувствовала глубоко и сильно, но тайно; она и в детстве редко плакала, а теперь даже вздыхала редко и только бледнела слегка, когда что-нибудь ее огорчало. Мать

---

[23] "Что с вами?" (франц.).

ее считала добронравной, благоразумной девушкой, называла ее в шутку: mon honnete homme de fille[24], но не была слишком высокого мнения об ее умственных способностях. "Наташа у меня, к счастью, холодна, — говаривала она, — не в меня... тем лучше. Она будет счастлива". Дарья Михайловна ошибалась. Впрочем, редкая мать понимает дочь свою.

Наталья любила Дарью Михайловну и не вполне ей доверяла.

— Тебе нечего от меня скрывать, — сказала ей однажды Дарья Михайловна, — а то бы ты скрытничала: ты-таки себе на уме...

Наталья поглядела матери в лицо и подумала: "Для чего же не быть себе на уме?"

Когда Рудин встретил ее на террасе, она вместе с m-lle Boncourt шла в комнату, чтобы надеть шляпку и отправиться в сад. Утренние ее занятия уже кончились. Наталью перестали держать, как девочку, m-lle Boncourt давно уже не давала ей уроков из мифологии и географии, но Наталья должна была каждое утро читать исторические книги, путешествия и другие назидательные сочинения — при ней. Выбирала их Дарья Михайловна, будто бы придерживаясь особой, своей системы. На самом деле она просто передавала Наталье все, что ей присылал француз-книгопродавец из Петербурга, исключая, разумеется, романов Дюма-фиса[25] и комп. Эти романы Дарья Михайловна читала сама. M-lle Boncourt особенно строго и кисло посматривала через очки своим, когда Наталья читала исторические книги: по понятиям старой француженки, вся история была наполнена непозволительными вещами, хотя она сама из великих мужей древности знала почему-то только одного Камбиза, а из новейших времен — Людовика XIV и Наполеона, которого

---

[24] моя дочь — честный малый (франц.).
[25] Дюма-сына (Dumas-fils) (франц.).

терпеть не могла. Но Наталья читала и такие книги, существования которых m-lle Boncourt не подозревала: она знала наизусть всего Пушкина...

Наталья слегка покраснела при встрече с Рудиным.

— Вы идете гулять? — спросил он ее.

— Да. Мы идем в сад.

— Можно идти с вами?

Наталья взглянула на m-lle Boncourt.

— Mais certainement, monsieur, avec plaisir[26], — поспешно проговорила старая дева.

Рудин взял шляпу и пошел вместе с ними.

Наталье было сперва неловко идти рядом с Рудиным по одной дорожке; потом ей немного легче стало. Он начал расспрашивать ее о ее занятиях, о том, как ей нравится деревня. Она отвечала не без робости, но без той торопливой застенчивости, которую так часто и выдают и принимают за стыдливость. Сердце у ней билось.

— Вы не скучаете в деревне? — спросил Рудин, окидывая ее боковым взором.

— Как можно скучать в деревне? Я очень рада, что мы здесь. Я здесь очень счастлива.

— Вы счастливы... Это великое слово. Впрочем, это понятно: вы молоды.

Рудин произнес это последнее слово как-то странно: не то он завидовал Наталье, не то он сожалел о ней.

— Да! молодость! — прибавил он. — Вся цель науки — дойти сознательно до того, что молодости дается даром.

Наталья внимательно посмотрела на Рудина: она не поняла его.

— Я сегодня целое утро разговаривал с вашей матушкой, — продолжал он, — она необыкновенная женщина. Я

_____

[26] Ну, конечно, сударь, с удовольствием (франц.).

понимаю, почему все наши поэты дорожили ее дружбой. А вы любите стихи? — прибавил он, помолчав немного.

"Он меня экзаменует", — подумала Наталья и промолвила:

— Да, очень люблю.

— Поэзия — язык богов. Я сам люблю стихи. Но не в одних стихах поэзия: она разлита везде, она вокруг нас... Взгляните на эти деревья, на это небо — отовсюду веет красотою и жизнью; а где красота и жизнь, там и поэзия.

— Сядемте здесь, на скамью, — продолжал он. — Вот так. Мне почему-то кажется, что когда вы попривыкнете ко мне (и он с улыбкой посмотрел ей в лицо), мы будем приятели с вами. Как вы полагаете?

"Он обращается со мной, как с девочкой", — подумала опять Наталья и, не зная, что сказать, спросила его, долго ли он намерен остаться в деревне.

— Все лето, осень, а может быть, и зиму. Я, вы знаете, человек очень небогатый; дела мои расстроены, да и притом мне уже наскучило таскаться с места на место. Пора отдохнуть.

Наталья изумилась.

— Неужели вы находите, что вам пора отдыхать? — спросила она робко.

Рудин повернулся лицом к Наталье.

— Что вы хотите этим сказать?

— Я хочу сказать, — возразила она с некоторым смущеньем, — что отдыхать могут другие; а вы... вы должны трудиться, стараться быть полезным. Кому же, как не вам...

— Благодарю за лестное мнение, — перебил ее Рудин. — Быть полезным... легко сказать! (Он провел рукою по лицу.) Быть полезным! — повторил он. — Если б даже было во мне твердое убеждение: как я могу быть полезным — если б я даже верил в свои силы, — где найти искренние, сочувствующие души?..

И Рудин так безнадежно махнул рукою и так печально поник головою, что Наталья невольно спросила себя: полно, его ли восторженные, дышащие надеждой речи она слыхала накануне?

— Впрочем, нет, — прибавил он, внезапно встряхнув своей львиной гривой, — это вздор, и вы правы. Благодарю вас, Наталья Алексеевна, благодарю вас искренно. (Наталья решительно не знала, за что он ее благодарит. Ваше одно слово напомнило мне мой долг, указало мне мою дорогу... Да, я должен действовать. Я не должен скрывать свой талант, если он у меня есть; я не должен растрачивать свои силы на одну болтовню, пустую, бесполезную болтовню, на одни слова...

И слова его полились рекою. Он говорил прекрасно, горячо, убедительно — о позоре малодушия и лени, о необходимости делать дело. Он осыпал самого себя упреками, доказывал, что рассуждать наперед о том, что хочешь сделать, так же вредно, как накалывать булавкой наливающийся плод, что это только напрасная трата сил и соков. Он уверял, что нет благородной мысли, которая бы не нашла себе сочувствия, что непонятыми остаются только те люди, которые либо еще сами не знают, чего хотят, либо не стоят того, чтобы их понимали. Он говорил долго и окончил тем, что еще раз поблагодарил Наталью Алексеевну и совершенно неожиданно стиснул ей руку, промолвив: "Вы прекрасное, благородное существо!"

Эта вольность поразила m-lle Boncourt, которая, несмотря на сорокалетнее пребывание в России, с трудом понимала по-русски и только удивлялась красивой быстроте и плавности речи в устах Рудина. Впрочем, он в ее глазах был чем-то вроде виртуоза или артиста; а от подобного рода людей, по ее понятиям, невозможно было требовать соблюдения приличий.

Она встала и, порывисто поправив на себе платье, объявила Наталье, что пора идти домой, тем более, что monsieur Volinsoff (так она называла Волынцева) хотел быть к завтраку.

— Да вот и он! — прибавила она, взглянув в одну из аллей, ведущих от дому.

Действительно, Волынцев показался невдалеке.

Он подошел нерешительным шагом, издали раскланялся со всеми и, с болезненным выражением на лице обратясь к Наталье, проговорил:

— А! вы гуляете?

— Да, — отвечала Наталья, — мы уже шли домой.

— А! — произнес Волынцев. — Что ж, пойдемте.

И все пошли к дому.

— Как здоровье вашей сестры? — спросил каким-то особенно ласковым голосом Рудин у Волынцева. Он и накануне был очень с ним любезен.

— Покорно благодарю. Она здорова. Она сегодня, может быть, будет... Вы, кажется, о чем-то рассуждали, когда я подошел?

— Да, у нас был разговор с Натальей Алексеевной. Она мне сказала одно слово, которое сильно на меня подействовало...

Волынцев не спросил, какое это было слово, и все в глубоком молчании возвратились в дом Дарьи Михайловны.

***

Перед обедом опять составился салон. Пигасов, однако, не приехал. Рудин не был в ударе; он все заставлял Пандалевского играть из Бетховена. Волынцев молчал и поглядывал на пол. Наталья не отходила от матери и то задумывалась, то принималась за работу. Басистов не спускал глаз с Рудина, все выжидая, не скажет ли он чего-нибудь умного? Так прошло часа три довольно однообразно. Александра Павловна не приехала к обеду — и Волынцев, как только встали из-за стола, тотчас велел заложить свою коляску и ускользнул, не простясь ни с кем.

Ему было тяжело. Он давно любил Наталью и все собирался сделать ей предложение... Она к нему благоволила — но сердце ее оставалось спокойным: он это ясно видел. Он и не надеялся внушить ей чувство более нежное и ждал только мгновенья, когда она совершенно привыкнет к нему, сблизится с ним. Что же могло взволновать его? какую перемену заметил он в эти два дня? Наталья обращалась с ним точно так же, как и прежде...

Запала ли ему в душу мысль, что он, быть может, вовсе не знает нрава Натальи, что она ему еще более чужда, чем он думал, ревность ли проснулась в нем, смутно ли почуял он что-то недоброе... но только он страдал, как ни уговаривал самого себя.

Когда он вошел к своей сестре, у ней сидел Лежнев.

— Что это ты так рано вернулся? — спросила Александра Павловна.

— Так! соскучилось.

— Рудин там?

— Там.

Волынцев бросил фуражку и сел.

Александра Павловна с живостью обратилась к нему.

— Пожалуйста, Сережа, помоги мне убедить этого упрямого человека (она указала на Лежнева) в том, что Рудин необыкновенно умен и красноречив.

Волынцев промычал что-то.

— Да я нисколько с вами не спорю, — начал Лежнев, — я не сомневаюсь в уме и красноречии господина Рудина; я говорю только, что он мне не нравится.

— А ты его разве видел? — спросил Волынцев.

— Видел сегодня поутру, у Дарьи Михайловны. Ведь он у ней теперь великим визирем. Придет время, она и с ним расстанется, — она с одним Пандалевским никогда не расстанется, — но теперь он царит. Видел его, как же! Он сидит — а она меня ему показывает: глядите, мол, батюшка, какие у нас водятся чудаки. Я не заводская лошадь — к выводке не привык. Я взял да уехал.

— Да зачем ты был у ней?

— По размежеванию; да это вздор: ей просто хотелось посмотреть на мою физиономию. Барыня — известно!

— Вас оскорбляет его превосходство — вот что! — заговорила с жаром Александра Павловна, — вот что вы ему простить не можете. А я уверена, что, кроме ума, у него и сердце должно быть отличное. Вы взгляните на его глаза, когда он...

— "О честности высокой говорит..." — подхватил Лежнев.

— Вы меня рассердите, и я заплачу. Я от души сожалею, что не поехала к Дарье Михайловне и осталась с вами. Вы этого не стоите. Полноте дразнить меня, — прибавила она жалобным голосом. — Вы лучше расскажите мне об его молодости.

— О молодости Рудина?

— Ну да. Ведь вы мне сказали, что хорошо его знаете и давно с ним знакомы.

Лежнев встал и прошелся по комнате.

— Да, — начал он, — я его хорошо знаю. Вы хотите, чтобы я рассказал вам его молодость? Извольте. Родился он в Т...ве от бедных помещиков. Отец его скоро умер. Он остался один у матери. Она была женщина добрейшая и души в нем не чаяла: толокном одним питалась и все какие были у ней денежки употребляла на него. Получил он свое воспитание в Москве, сперва на счет какого-то дяди, а потом, когда он подрос и оперился, на счет одного богатого князька, с которым снюхался... ну, извините, не буду... с которым сдружился. Потом он поступил в университет. В университете я узнал его и сошелся с ним очень тесно. О нашем тогдашнем житье-бытье я поговорю с вами когда-нибудь после. Теперь не могу. Потом он уехал за границу...

Лежнев продолжал расхаживать по комнате; Александра Павловна следила за ним взором.

— Из-за границы, — продолжал он, — Рудин писал к своей матери чрезвычайно редко и посетил ее всего один раз, дней на десять... Старушка и скончалась без него, на чужих руках, но до самой смерти не спускала глаз с его портрета. Я к ней езжал, когда проживал в Т...ве. Добрая была женщина и прегостеприимная, вишневым вареньем, бывало, все меня потчевала. Она любила своего Митю без памяти. Господа печоринской школы скажут вам, что мы всегда любим тех, которые сами мало способны любить; а мне так кажется, что все матери любят своих детей, особенно отсутствующих. Потом я встретился с Рудиным за границей. Там к нему одна барыня привязалась из наших русских, синий чулок какой-то, уже немолодой и некрасивый, как оно и следует синему чулку. Он довольно долго с ней возился и, наконец, ее бросил... или нет, бишь, виноват: она его бросила. И я тогда его бросил. Вот и все.

Лежнев умолк, провел рукою по лбу и, словно усталый, опустился на кресло.

— А знаете ли что, Михайло Михайлыч, — начала Александра Павловна, — вы, я вижу, злой человек; право, вы не лучше Пигасова. Я уверена, что все, что вы сказали, правда, что вы ничего не присочинили, и между тем в каком неприязненном свете вы все это представили! Эта бедная старушка, ее преданность, ее одинокая смерть, эта барыня... К чему это все?.. Знаете ли, что можно жизнь самого лучшего человека изобразить в таких красках — и ничего не прибавляя, заметьте, — что всякий ужаснется! Ведь это тоже своего рода клевета!

Лежнев встал и опять прошелся по комнате.

— Я вовсе не желал заставить вас ужаснуться, Александра Павловна, — проговорил он наконец. — Я не клеветник. А впрочем, — прибавил он, подумав немного, — действительно, в том, что вы сказали, есть доля правды. Я не клеветал на Рудина; но — кто знает! — может быть, он с тех пор успел измениться — может быть, я несправедлив к нему.

— А! вот видите... Так обещайте же мне, что вы возобновите с ним знакомство, узнаете его хорошенько и тогда уже выскажете мне свое окончательное мнение о нем.

— Извольте... Но что же ты молчишь, Сергей Павлыч?

Волынцев вздрогнул и поднял голову, как будто его разбудили.

— Что мне говорить? Я его не знаю. Притом у меня сегодня голова болит.

— Ты, точно, что-то бледен сегодня, — заметила Александра Павловна, — здоров ли ты?

— У меня голова болит, — повторил Волынцев и вышел вон.

Александра Павловна и Лежнев посмотрели ему вслед и обменялись взглядом, но ничего не сказали друг другу. Ни для него, ни для нее не было тайной, что происходило в сердце Волынцева.

VI

Прошло два месяца с лишком. В течение всего этого времени Рудин почти не выезжал от Дарьи Михайловны. Она не могла обойтись без него. Рассказывать ему о себе, слушать его рассуждения стало для нее потребностью. Он однажды хотел уехать, под тем предлогом, что у него вышли все деньги: она дала ему пятьсот рублей. Он занял также у Волынцева рублей двести. Пигасов гораздо реже прежнего посещал Дарью Михайловну: Рудин давил его своим присутствием. Впрочем, давление это испытывал не один Пигасов.

— Не люблю я этого умника, — говаривал он, — выражается он неестественно, ни дать ни взять, лицо из русской повести; скажет: "Я", и с умилением остановится ... "Я, мол, я..." Слова употребляет все такие длинные. Ты чихнешь — он тебе сейчас станет доказывать, почему ты именно чихнул, а не кашлянул... Хвалит он тебя — точно в чин производит... Начнет самого себя бранить, с грязью себя смешает — ну, думаешь, теперь на свет божий глядеть не станет. Какое! повеселеет даже, словно горькой водкой себя попотчевал.

Пандалевский побаивался Рудина и осторожно за ним ухаживал. Волынцев находился в странных отношениях с ним. Рудин называл его рыцарем, превозносил его в глаза и за глаза; но Волынцев не мог полюбить его и всякий раз чувствовал невольное нетерпение и досаду, когда тот принимался в его же присутствии разбирать его достоинства. "Уж не смеется ли он надо мною?" — думал он, и враждебно шевелилось в нем сердце. Волынцев старался переломить себя; но он ревновал его к Наталье. Да и сам Рудин, хотя всегда шумно приветствовал Волынцева, хотя называл его рыцарем и занимал у него деньги, едва ли был к нему расположен. Трудно было бы определить, что, собственно, чувствовали эти два человека, когда, стискивая по-приятельски один другому руки, они глядели друг другу в глаза...

Басистов продолжал благоговеть перед Рудиным и ловить на лету каждое его слово. Рудин мало обращал на него внимания. Как-то раз он провел с ним целое утро, толковал с ним о самых важных мировых вопросах и задачах и возбудил в нем живейший восторг, но потом он его бросил... Видно, он только на словах искал чистых и преданных душ. С Лежневым, который начал ездить к Дарье Михайловне, Рудин даже в спор не вступал и как будто избегал его. Лежнев также обходился с ним холодно, а впрочем, не высказывал своего окончательного мнения о нем, что очень смущало Александру Павловну. Она преклонялась перед Рудиным; но и Лежневу она верила. Все в доме Дарьи Михайловны покорялись прихоти Рудина: малейшие желания его исполнялись. Порядок дневных занятий от него зависел. Ни одна partie de plaisir[27] не составлялась без него. Впрочем, он не большой был охотник до всяких внезапных поездок и затей и участвовал в них, как взрослые в детских играх, с ласковым и слегка скучающим благоволением. Зато он входил во все: толковал с Дарьей Михайловной о распоряжениях по имению, о воспитании детей, о хозяйстве, вообще о делах; выслушивал ее предположения, не тяготился даже мелочами, предлагал преобразования и нововведения. Дарья Михайловна восхищалась ими на словах — и только. В деле хозяйства она придерживалась советов своего управляющего, пожилого одноглазого малоросса, добродушного и хитрого плута. "Старенькое-то жирненько, молоденькое худенько", — говаривал он, спокойно ухмыляясь и подмигивая своим единственным глазом.

После самой Дарьи Михайловны Рудин ни с кем так часто и так долго не беседовал, как с Натальей. Он тайком давал ей книги, поверял ей свои планы, читал ей первые страницы предполагаемых статей и сочинений. Смысл их часто оставался недоступным для Натальи. Впрочем, Рудин, казалось, и не очень заботился о том, чтобы она его понимала — лишь бы слушала его. Близость его с Натальей была не

---

[27] увеселительная прогулка (франц.).

совсем по нутру Дарье Михайловне. "Но, — думала она, — пускай она с ним поболтает в деревне. Она забавляет его, как девочка. Беды большой нет, а она все-таки поумнеет... В Петербурге я это все переменю..."

Дарья Михайловна ошибалась. Не как девочка болтала Наталья с Рудиным: она жадно внимала его речам, она старалась вникнуть в их значение, она повергала на суд его свои мысли, свои сомнения; он был ее наставником, ее вождем. Пока — одна голова у ней кипела... но молодая голова недолго кипит одна. Какие сладкие мгновения переживала Наталья, когда, бывало, в саду, на скамейке, в легкой, сквозной тени ясеня, Рудин начнет читать ей гетевского "Фауста", Гофмана, или "Письма" Беттины, или Новалиса, беспрестанно останавливаясь и толкуя то, что ей казалось темным! Она по-немецки говорила плохо, как почти все наши барышни, но понимала хорошо, а Рудин был весь погружен в германскую поэзию, в германский романтический и философский мир и увлекал ее за собой в те заповедные страны. Неведомые, прекрасные, раскрывались они перед ее внимательным взором; со страниц книги, которую Рудин держал в руках, дивные образы, новые, светлые мысли так и лились звенящими струями ей в душу, и в сердце ее, потрясенном благородной радостью великих ощущений, тихо вспыхивала и разгоралась святая искра восторга...

— Скажите, Дмитрий Николаич, — начала она однажды, сидя у окна за пяльцами, — ведь вы на зиму поедете в Петербург?

— Не знаю, — возразил Рудин, опуская на колени книгу, которую перелистывал, — если соберусь со средствами, поеду.

Он говорил вяло: он чувствовал усталость и бездействовал с самого утра.

— Мне кажется, как не найти вам средства?

Рудин покачал головой.

— Вам так кажется!

И он значительно глянул в сторону.

Наталья хотела было что-то сказать и удержалась.

— Посмотрите, — начал Рудин и указал ей рукой в окно, — видите вы эту яблоню: она сломилась от тяжести и множества своих собственных плодов. Верная эмблема гения...

— Она сломилась оттого, что у ней не было подпоры, — возразила Наталья.

— Я вас понимаю, Наталья Алексеевна; но человеку не так легко сыскать ее, эту подпору.

— Мне кажется, сочувствие других... во всяком случае, одиночество...

Наталья немного запуталась и покраснела.

— И что вы будете делать зимой в деревне? — поспешно прибавила она.

— Что я буду делать? Окончу мою большую статью — вы знаете — о трагическом в жизни и в искусстве — я вам третьего дня план рассказывал — и пришлю ее вам.

— И напечатаете?

— Нет.

— Как нет? Для кого же вы будете трудиться?

— А хоть бы для вас.

Наталья опустила глаза.

— Это не по моим силам, Дмитрий Николаич!

— О чем, позвольте спросить, статья? — скромно спросил Басистов, сидевший поодаль.

— О трагическом в жизни и в искусстве, — повторил Рудин. — Вот и господин Басистов прочтет. Впрочем, я не совсем еще сладил с основною мыслью. Я до сих пор еще не довольно уяснил самому себе трагическое значение любви.

Рудин охотно и часто говорил о любви. Сначала при слове любовь — m-lle Boncourt вздрагивала и навастривала уши, как старый полковой конь, заслышавший трубу, но потом привыкла и только, бывало, съежит губы и с расстановкой понюхает табаку.

— Мне кажется, — робко заметила Наталья, — трагическое в любви — это несчастная любовь.

— Вовсе нет! — возразил Рудин, — это скорее комическая сторона любви... Вопрос этот надобно совсем иначе поставить... надо поглубже зачерпнуть... Любовь! — продолжал он, — в ней все тайна: как она приходит, как развивается, как исчезает. То является она вдруг, несомненная, радостная, как день; то долго тлеет, как огонь под золой, и пробивается пламенем в душе, когда уже все разрушено; то вползет она в сердце, как змея, то вдруг выскользнет из него вон... Да, да; это вопрос важный. Да и кто любит в наше время? кто дерзает любить?

И Рудин задумался.

— Что это Сергея Павлыча давно не видать? — спросил он вдруг.

Наталья вспыхнула и нагнула голову к пяльцам.

— Не знаю, — прошептала она.

— Какой это прекраснейший, благороднейший человек!— промолвил Рудин, вставая. — Это один из лучших образцов настоящего русского дворянина...

M-lle Boncourt посмотрела на него вкось своими французскими глазками.

Рудин прошелся по комнате.

— Заметили ли вы, — заговорил он, круто повернувшись на каблуках, — что на дубе — а дуб крепкое дерево — старые листья только тогда отпадают, когда молодые начнут пробиваться?

— Да, — медленно возразила Наталья, — заметила.

— Точно то же случается и с старой любовью в сильном сердце: она уже вымерла, но все еще держится; только другая, новая любовь может ее выжить.

Наталья ничего не ответила.

"Что это значит?" — подумала она.

Рудин постоял, встряхнул волосами и удалился.

А Наталья пошла к себе в комнату. Долго сидела она в недоумении на своей кроватке, долго размышляла о последних словах Рудина и вдруг сжала руки и горько заплакала. О чем она плакала — бог ведает! Она сама не знала, отчего у ней так внезапно полились слезы. Она утирала их, но они бежали вновь, как вода из давно накопившегося родника.

***

В тот же самый день и у Александры Павловны происходил разговор о Рудине с Лежневым. Сперва он все отмалчивался; но она решилась добиться толку.

— Я вижу, — сказала она ему, — вам Дмитрий Николаевич по-прежнему не нравится. Я нарочно до сих пор вас не расспрашивала; но вы теперь уже успели убедиться, произошла ли в нем перемена, и я желаю знать, почему он вам не нравится.

— Извольте, — возразил с обычной флегмой Лежнев, — коли уж вам так не терпится; только, смотрите, не сердитесь...

— Ну, начинайте, начинайте.

— И дайте мне выговорить все до конца.

— Извольте, извольте, начинайте.

— Итак-с, — начал Лежнев, медлительно опускаясь на диван, — доложу вам, мне Рудин действительно не нравится. Он умный человек...

— Еще бы!

— Он замечательно умный человек, хотя в сущности пустой...

— Это легко сказать!

— Хотя в сущности пустой, — повторил Лежнев, — но

это еще не беда: все мы пустые люди. Я даже не ставлю в вину ему то, что он деспот в душе, ленив, не очень сведущ...

Александра Павловна всплеснула руками.

— Не очень сведущ! Рудин! — воскликнула она.

— Не очень сведущ, — точно тем же голосом повторил Лежнев, — любит пожить на чужой счет, разыгрывает роль, и так далее... это все в порядке вещей. Но дурно то, что он холоден, как лед.

— Он, эта пламенная душа, холоден? — перебила Александра Павловна.

— Да, холоден, как лед, и знает это и прикидывается пламенным. Худо то, — продолжал Лежнев, постепенно оживляясь, — что он играет опасную игру, опасную не для него, разумеется; сам копейки, волоска не ставит на карту — а другие ставят душу...

— О ком, о чем вы говорите? Я вас не понимаю, — проговорила Александра Павловна.

— Худо то, что он не честен. Ведь он умный человек: он должен же знать цену слов своих, а произносит их так, как будто они ему что-нибудь стоят... Спору нет, он красноречив; только красноречие его не русское. Да и, наконец, красно говорить простительно юноше, а в его года стыдно тешиться шумом собственных речей, стыдно рисоваться!

— Мне кажется, Михайло Михайлыч, для слушателя все равно, рисуетесь ли вы, или нет...

— Извините, Александра Павловна, не все равно. Иной скажет мне слово, меня всего проймет; другой то же самое слово скажет, или еще красивее, — я и ухом не поведу. Отчего это?

— То есть вы не поведете, — перебила Александра Павловна.

— Да, не поведу, — возразил Лежнев, — хотя, может быть, у меня и большие уши. Дело в том, что слова Рудина так и остаются словами и никогда не станут поступком — а между тем эти самые слова могут смутить, погубить молодое сердце.

— Да о ком, о ком вы говорите, Михайло Михайлыч?

Лежнев остановился.

— Вы желаете знать, о ком я говорю? О Наталье Алексеевне.

Александра Павловна смутилась на мгновение, но тотчас же усмехнулась.

— Помилуйте, — начала она, — какие у вас всегда странные мысли! Наталья еще ребенок; да, наконец, если б что-нибудь и было, неужели вы думаете, что Дарья Михайловна...

— Дарья Михайловна, во-первых, эгоистка и живет для себя; а во-вторых, она так уверена в своем уменье воспитывать детей, что ей и в голову не приходит беспокоиться о них. Фи! как можно! одно мановенье, один величественный взгляд — и все пойдет, как по ниточке. Вот что думает эта барыня, которая и меценаткой себя воображает, и умницей, и бог знает чем, а на деле она больше ничего, как светская старушонка. А Наталья не ребенок; она, поверьте, чаще и глубже размышляет, чем мы с вами. И надобно же, чтобы эдакая честная, страстная и горячая натура наткнулась на такого актера, на такую кокетку! Впрочем, и это в порядке вещей.

— Кокетка! Это вы его называете кокеткой?

— Конечно, его... Ну, скажите сами, Александра Павловна, что за роль его у Дарьи Михайловны? Быть идолом, оракулом в доме, вмешиваться в распоряжения, в семейные сплетни и дрязги — неужели это достойно мужчины?

Александра Павловна с изумлением посмотрела Лежневу в лицо.

— Я не узнаю вас, Михайло Михайлыч, — проговорила она. — Вы покраснели, вы пришли в волнение. Право, тут что-нибудь должно скрываться другое...

— Ну, так и есть! Ты говоришь женщине дело, по убеждению; а она до тех пор не успокоится, пока не придумает какой-нибудь мелкой, посторонней причины, заставляющей тебя говорить именно так, а не иначе.

Александра Павловна рассердилась.

— Право, мосье Лежнев! вы начинаете преследовать женщин не хуже господина Пигасова: но, воля ваша, как вы ни проницательны, все-таки мне трудно поверить, чтобы вы в такое короткое время могли всех и все понять. Мне кажется, вы ошибаетесь. По-вашему, Рудин — Тартюф какой-то.

— В том-то и дело, что он даже не Тартюф. Тартюф, тот по крайней мере знал, чего добивался; а этот, при всем своем уме...

— Что же, что же он? Доканчивайте вашу речь, несправедливый, гадкий человек!

Лежнев встал.

— Послушайте, Александра Павловна, — начал он, — несправедливы-то вы, а не я. Вы досадуете на меня за мои резкие суждения о Рудине: я имею право говорить о нем резко! Я, может быть, недешевой ценой купил это право. Я хорошо его знаю: я долго жил с ним вместе. Помните, я обещался рассказать вам когда-нибудь наше житье в Москве. Видно, придется теперь это сделать. Но будете ли вы иметь терпение меня выслушать?

— Говорите, говорите!

— Ну, извольте.

Лежнев принялся ходить медленными шагами по комнате, изредка останавливаясь и наклоняя голову вперед.

— Вы, может быть, знаете, — заговорил он, — а может быть, и не знаете, что я осиротел рано и уже на семнадцатом году не имел над собою набольшего. Я жил в доме тетки в Москве и делал, что хотел. Малой я был довольно пустой и самолюбивый, любил порисоваться и похвастать. Вступив в университет, я вел себя, как школьник, и скоро попался в историю. Я вам ее рассказывать не стану: не стоит. Я солгал, и довольно гадко солгал... Меня вывели на свежую воду, уличили, пристыдили... Я потерялся и заплакал, как дитя. Это происходило на квартире одного знакомого, в присутствии многих товарищей. Все принялись хохотать надо мною, все, исключая одного студента, который, заметьте, больше прочих негодовал на меня, пока я упорствовал и не сознавался в своей лжи. Жаль ему, что ли, меня стало, только он взял меня под руку и увел к себе.

— Это был Рудин? — спросила Александра Павловна.

— Нет, это не был Рудин... это был человек... он уже теперь умер... это был человек необыкновенный. Звали его Покорским. Описать его в немногих словах я не в силах, а начав говорить о нем, уже ни о ком другом говорить не захочешь. Это была высокая, чистая душа, и ума такого я уже не встречал потом. Покорский жил в маленькой, низенькой комнатке, в мезонине старого деревянного домика. Он был очень беден и перебивался кое-как уроками. Бывало, он даже чашкой чаю не мог попотчевать гостя; а единственный его диван до того провалился, что стал похож на лодку. Но, несмотря на эти неудобства, к нему ходило множество народа. Его все любили, он привлекал к себе сердца. Вы не поверите, как сладко и весело было сидеть в его бедной комнатке! У него я познакомился с Рудиным. Он уже отстал тогда от своего князька.

— Что же было такого особенного в этом Покорском? — спросила Александра Павловна.

— Как вам сказать? Поэзия и правда — вот что влекло всех к нему. При уме ясном, обширном он был мил и забавен, как ребенок. У меня до сих пор звенит в ушах его светлое хохотанье, и в то же время он

Пылал полуночной лампадой

Перед святынею добра... Так выразился о нем один полусумасшедший и милейший поэт нашего кружка.

— А как он говорил? — спросила опять Александра Павловна.

— Он говорил хорошо, когда был в духе, но не удивительно. Рудин и тогда был в двадцать раз красноречивее его.

Лежнев остановился и скрестил руки.

— Покорский и Рудин не походили друг на друга. В Рудине было гораздо больше блеску и треску, больше фраз и, пожалуй, больше энтузиазма. Он казался гораздо даровитее Покорского, а на самом деле он был бедняк в сравнении с ним. Рудин превосходно развивал любую мысль, спорил мастерски; но мысли его рождались не в его голове: он брал их у других, особенно у Покорского. Покорский был на вид тих и мягок, даже слаб — и любил женщин до безумия, любил покутить и не дался бы никому в обиду. Рудин казался полным огня, смелости, жизни, а в душе был холоден и чуть ли не робок, пока не задевалось его самолюбие: тут он на стены лез. Он всячески старался покорить себе людей, но покорял он их во имя общих начал и идей и действительно имел влияние сильное на многих. Правда, никто его не любил; один я, может быть, привязался к нему. Его иго носили... Покорскому все отдавались сами собой. Зато Рудин никогда не отказывался толковать и спорить с первым встречным... Он не слишком много прочел книг, но во всяком случае гораздо больше, чем Покорский и чем все мы; притом ум имел систематический, память огромную, а ведь это-то и действует на молодежь! Ей выводы подавай, итоги, хоть неверные, да итоги! Совершенно добросовестный человек на это не годится. Попытайтесь сказать молодежи, что вы не можете дать ей полной истины, потому что сами не владеете ею... молодежь вас и слушать не станет. Но обмануть вы ее тоже не можете. Надобно, чтобы вы сами хотя наполовину верили, что обладаете истиной... Оттого-то Рудин и действовал так сильно на нашего брата. Видите ли, я вам сейчас сказал, что он прочел немного, но читал он философские книги, и голова у него так была устроена, что он тотчас же из прочитанного извлекал все общее, хватался за самый корень дела и уже потом проводил от него во все стороны светлые, правильные нити мысли, открывал духовные перспективы. Наш кружок состоял тогда, говоря по совести, из мальчиков — и недоученных мальчиков. Философия, искусство, наука, самая жизнь — все это для нас были одни слова, пожалуй даже понятия, заманчивые, прекрасные, но разбросанные, разъединенные. Общей связи этих понятий, общего закона мирового мы не сознавали, не осязали, хотя смутно толковали о нем, силились отдать себе в нем отчет... Слушая Рудина, нам впервые показалось, что мы, наконец, схватили ее, эту общую связь, что поднялась, наконец, завеса! Положим, он говорил не свое — что за дело!— но стройный порядок водворялся во всем, что мы знали, все разбросанное вдруг соединялось, складывалось, вырастало перед нами, точно здание, все светлело, дух веял всюду... Ничего не оставалось бессмысленным, случайным: во всем высказывалась разумная необходимость и красота, все получало значение ясное и, в то же время, таинственное, каждое отдельное явление жизни звучало аккордом, и мы сами, с каким-то священным ужасом благоговения, с сладким сердечным трепетом, чувствовали себя как бы живыми сосудами вечной истины, орудиями ее, призванными к чему-то великому... Вам все это не смешно?

— Нисколько! — медленно возразила Александра Павловна, — почему вы это думаете? Я вас не совсем понимаю, но мне не смешно.

— Мы с тех пор успели поумнеть, конечно, — продолжал Лежнев, — все это нам теперь может казаться детством... Но, я повторяю, Рудину мы тогда были обязаны многим. Покорский был несравненно выше его, бесспорно; Покорский вдыхал в нас всех огонь и силу, но он иногда чувствовал себя вялым и молчал. Человек он был нервический, нездоровый; зато когда он расправлял свои крылья — боже! куда не залетал он! в самую глубь и лазурь неба! А в Рудине, в этом красивом и статном малом, было много мелочей; он даже сплетничал; страсть его была во все вмешиваться, все определять и разъяснять. Его хлопотливая деятельность никогда не унималась... политическая натура-с! Я о нем говорю, каким я его знал тогда. Впрочем, он, к несчастию, не изменился. Зато он и в верованиях своих не изменился... в тридцать пять лет!.. Не всякий может сказать это о себе.

— Сядьте, — проговорила Александра Павловна, — что вы, как маятник, по комнате ходите?

— Этак мне лучше, — возразил Лежнев. — Ну-с, попав в кружок Покорского, я, доложу вам, Александра Павловна, я совсем переродился: смирился, расспрашивал, учился, радовался, благоговел — одним словом, точно в храм какой вступил. Да и в самом деле, как вспомню я наши сходки, ну, ей-богу же, много в них было хорошего, даже трогательного. Вы представьте, сошлись человек пять-шесть мальчиков, одна сальная свеча горит, чай подается прескверный и сухари к нему старые-престарые; а посмотрели бы вы на все наши лица, послушали бы речи наши! В глазах у каждого восторг, и щеки пылают, и сердце бьется, и говорим мы о боге, о правде, о будущности человечества, о поэзии — говорим мы иногда вздор, восхищаемся пустяками; но что за беда!.. Покорский сидит, поджав ноги, подпирает бледную щеку рукой, а глаза его так и светятся. Рудин стоит посередине комнаты и говорит, говорит прекрасно, ни дать ни взять молодой Демосфен перед шумящим морем; взъерошенный поэт Субботин издает по временам и как бы во сне отрывистые восклицания; сорокалетний бурш, сын немецкого пастора, Шеллер, прослывший между нами за глубочайшего мыслителя по милости своего вечного, ничем не нарушимого молчания, как-то особенно торжественно безмолвствует; сам веселый Щитов, Аристофан наших сходок, утихает и только ухмыляется; два-три новичка слушают с восторженным наслаждением... А ночь летит тихо и плавно, как на крыльях. Вот уж и утро сереет, и мы расходимся, тронутые, веселые, честные, трезвые (вина у нас и в помине тогда не было), с какой-то приятной усталостью на душе... Помнится, идешь по пустым улицам, весь умиленный, и даже на звезды как-то доверчиво глядишь, словно они и ближе стали и понятнее... Эх! славное было время тогда, и не хочу я верить, чтобы оно пропало даром! Да оно и не пропало, — не пропало даже для тех, которых жизнь опошлила потом... Сколько раз мне случалось встретить таких людей, прежних товарищей! Кажется, совсем зверем стал человек, а стоит только произнести при нем имя Покорского — и все остатки благородства в нем зашевелятся, точно ты в грязной и темной комнате раскупорил забытую стклянку с духами...

Лежнев умолк; его бесцветное лицо раскраснелось.

— Но отчего же, когда вы поссорились с Рудиным? — заговорила Александра Павловна, с изумлением глядя на Лежнева.

— Я с ним не поссорился; я с ним расстался, когда узнал его окончательно за границей. А уже в Москве я бы мог рассориться с ним. Он со мной уже тогда сыграл недобрую штуку.

— Что такое?

— А вот что. Я... как бы это сказать?.. к моей фигуре оно нейдет... но я всегда был очень способен влюбиться.

— Вы?

— Я. Это странно, не правда ли? А между тем оно так... Ну-с, вот я и влюбился тогда в одну очень миленькую девочку... Да что вы на меня так глядите? Я бы мог сказать вам о себе вещь гораздо более удивительную.

— Какую это вещь, позвольте узнать?

— А хоть бы вот какую вещь. Я, в то, московское-то время,

хаживал по ночам на свидание... с кем бы вы думали? с молодой липой на конце моего сада. Обниму ее тонкий и стройный ствол, и мне кажется, что я обнимаю всю природу, а сердце расширяется и млеет так, как будто действительно вся природа в него вливается... Вот-с я был какой!.. Да что! Вы, может, думаете, я стихов не писал? Писал-с и даже целую драму сочинил, в подражание "Манфреду". В числе действующих лиц был призрак с кровью на груди, и не с своей кровью, заметьте, а с кровью человечества вообще... Да-с, да-с, не извольте удивляться... Но я начал рассказывать о моей любви. Я познакомился с одной девушкой...

— И перестали ходить на свидание с липой? — спросила Александра Павловна.

— Перестал. Девушка эта была предобренькое и прехорошенькое существо, с веселыми, ясными глазками и звенящим голосом.

— Вы хорошо описываете, — заметила с усмешкой Александра Павловна.

— А вы очень строгий критик, — возразил Лежнев. — Ну-с, жила эта девушка со стариком-отцом... Впрочем, я в подробности вдаваться не стану. Скажу вам только, что эта девушка была точно предобренькая — вечно, бывало, нальет тебе три четверти стакана чаю, когда ты просишь только половину!.. На третий день после первой встречи с ней я уже пылал, а на седьмой день не выдержал и во всем сознался Рудину. Молодому человеку, влюбленному, невозможно не проболтаться; а я Рудину исповедовался во всем. Я тогда находился весь под его влиянием, и это влияние, скажу без обиняков, было благотворно во многом. Он первый не побрезгал мною, обтесал меня. Покорского я любил страстно и ощущал некоторый страх перед его душевной чистотой; а к Рудину я стоял ближе. Узнав о моей любви, он пришел в восторг неописанный: поздравил, обнял меня и тотчас же пустился вразумлять меня, толковать мне всю важность моего нового положения. Я уши развесил... Ну, да ведь вы знаете, как он умеет говорить. Слова его подействовали на меня необыкновенно. Уважение я к себе вдруг возымел удивительное, вид принял серьезный и смеяться перестал. Помнится, я даже ходить начал тогда осторожнее, точно у меня в груди находился сосуд, полный драгоценной влаги, которую я боялся расплескать... Я был очень счастлив, тем более, что ко мне благоволили явно. Рудин пожелал познакомиться с моим предметом; да чуть ли не я сам настоял на том, чтобы представить его.

— Ну, вижу, вижу теперь, в чем дело, — перебила Александра Павловна. — Рудин отбил у вас ваш предмет, и вы до сих пор ему простить не можете... Держу пари, что не ошиблась!

— И проиграли бы пари, Александра Павловна: вы ошибаетесь. Рудин не отбил у меня моего предмета, да он и не хотел его у меня отбивать, а все-таки он разрушил мое счастье, хотя, рассудив хладнокровно, я теперь готов сказать ему спасибо за это. Но тогда я чуть не рехнулся. Рудин нисколько не желал повредить мне, — напротив! но вследствие своей проклятой привычки каждое движение жизни, и своей и чужой, пришпиливать словом, как бабочку булавкой, он пустился обоим нам объяснять нас самих, наши отношения, как мы должны вести себя, деспотически заставлял отдавать себе отчет в наших чувствах и мыслях, хвалил нас, порицал, вступил даже в переписку с нами, вообразите!.. ну, сбил нас с толку совершенно! Я бы едва ли женился тогда на моей барышне (столько-то во мне еще здравого смысла оставалось), но по крайней мере мы бы с ней славно провели несколько месяцев, вроде Павла и Виргинии; а тут пошли недоразумения, напряженности всякие — чепуха пошла, одним словом. Кончилось тем, что Рудин в одно прекрасное утро договорился до того убеждения, что ему, как другу, предстоит священнейший долг известить обо всем старика-отца, — и он это сделал.

— Неужели? — воскликнула Александра Павловна.

— Да, и, заметьте, с моего согласия сделал — вот что чудно!.. Помню до сих пор, какой хаос носил я тогда в голове: просто все кружилось и переставлялось, как в камер-обскуре: белое казалось черным, черное — белым, ложь — истиной, фантазия — долгом... Э! даже и теперь совестно вспоминать об этом! Рудин — тот не унывал ... куда! носится, бывало, среди всякого рода недоразумений и путаницы, как ласточка над прудом.

— И так вы и расстались с вашей девицей? — спросила Александра Павловна, наивно склонив головку набок и приподняв брови.

— Расстался... и нехорошо расстался, оскорбительно, неловко, гласно, и без нужды гласно... Сам я плакал, и она плакала, и черт знает, что произошло... Гордиев узел какой-то затянулся — пришлось перерубить, а больно было! Впрочем, все на свете устроивается к лучшему. Она вышла замуж за хорошего человека и благоденствует теперь...

— А признайтесь, вы все-таки не могли простить Рудину... — начала было Александра Павловна.

— Какое! — перебил Лежнев, — я плакал, как ребенок, когда провожал его за границу. Однако, правду сказать, семя там у меня на душе налегло тогда же. И когда я встретил его потом за границей... ну, я тогда уже и постарел... Рудин предстал мне в настоящем своем свете.

— Что же именно вы открыли в нем?

— Да все то, о чем я говорил вам с час тому назад. Впрочем, довольно о нем. Может быть, все обойдется благополучно. Я только хотел доказать вам, что если я сужу о нем строго, так не потому, что его не знаю... Что же касается до Натальи Алексеевны, я не буду тратить лишних слов; но вы обратите внимание на вашего брата.

— На моего брата! А что?

— Да посмотрите на него. Разве вы ничего не замечаете?

Александра Павловна потупилась.

— Вы правы, — промолвила она, — точно... брат... с некоторых пор я его не узнаю... Но неужели вы думаете...

— Тише! он, кажется, идет сюда, — произнес шепотом Лежнев. — А Наталья не ребенок, поверьте мне, хотя, к несчастию, неопытна, как ребенок. Вы увидите, эта девочка удивит всех нас.

— Каким это образом?

— А вот каким образом... Знаете ли, что именно такие девочки топятся, принимают яду и так далее? Вы не глядите, что она такая тихая: страсти в ней сильные и характер тоже ой-ой!

— Ну, уж это, мне кажется, вы в поэзию вдаетесь. Такому флегматику, как вы, пожалуй, и я покажусь вулканом.

— Ну, нет! — проговорил с улыбкой Лежнев... — А что до характера — у вас, слава богу, характера нет вовсе.

— Это еще что за дерзость?

— Это? Это величайший комплимент, помилуйте...

Волынцев вошел и подозрительно посмотрел на Лежнева и на сестру. Он похудел в последнее время. Они оба заговорили с ним; но он едва улыбался в ответ на их шутки и глядел, как выразился о нем однажды Пигасов, грустным зайцем. Впрочем, вероятно, не было еще на свете человека, который, хотя раз в жизни, не глядел еще хуже того. Волынцев чувствовал, что Наталья от него удалялась, а вместе с ней, казалось, и земля бежала у него из-под ног.

VII

На другой день было воскресенье, и Наталья поздно встала. Накануне она была очень молчалива до самого вечера, втайне стыдилась слез своих и очень дурно спала. Сидя, полуодетая, перед своим маленьким фортепьяно, она то брала аккорды, едва слышные. чтобы не разбудить m-lle Boncourt, то приникала лбом к холодным клавишам и долго оставалась неподвижной. Она все думала — не о самом Рудине, но о каком-нибудь слове, им сказанном, и погружалась вся в свою думу. Изредка приходил ей Волынцев на память. Она знала, что он ее любит. Но мысль ее тотчас его покидала... Странное она чувствовала волнение. Утром она поспешно оделась, сошла вниз и, поздоровавшись с своею матерью, улучила время и ушла одна в сад... День был жаркий, светлый, лучезарный день, несмотря на перепадавшие дождики. По ясному небу плавно неслись, не закрывая солнца, низкие, дымчатые тучи и по временам роняли на поля обильные потоки внезапного и мгновенного ливня. Крупные, сверкающие капли сыпались быстро, с каким-то сухим шумом, точно алмазы; солнце играло сквозь их мелькающую сетку; трава, еще недавно взволнованная ветром, не шевелилась, жадно поглощая влагу; орошенные деревья томно трепетали всеми своими листочками; птицы не переставали петь, и отрадно было слушать их болтливое щебетанье при свежем гуле и ропоте пробегавшего дождя. Пыльные дороги дымились и слегка пестрели под резкими ударами частых брызг. Но вот тучка пронеслась, запорхал ветерок, изумрудом и золотом начала переливать трава... Прилипая друг к дружке, засквозили листья деревьев... Сильный запах поднялся отовсюду...

Небо почти все очистилось, когда Наталья пошла в сад.

От него веяло свежестью и тишиной, той кроткой и счастливой тишиной, на которую сердце человека отзывается сладким томлением тайного сочувствия и неопределенных желаний...

Наталья шла вдоль пруда по длинной аллее серебристых тополей; внезапно перед нею, словно из земли, вырос Рудин.

Она смутилась. Он посмотрел ей в лицо.

— Вы одни? — спросил он.

— Да, я одна, — отвечала Наталья, — впрочем, я вышла на минуту! Уже пора домой.

— Я вас провожу.

И он пошел с ней рядом.

— Вы как будто печальны? — промолвил он.

— Я?.. А я хотела вам заметить, что вы, мне кажется, не в духе.

— Может быть... это со мною бывает. Мне это извинительнее, чем вам.

— Почему же? Разве вы думаете, что мне не от чего быть печальной?

— В ваши годы надо наслаждаться жизнью.

Наталья сделала несколько шагов молча.

— Дмитрий Николаевич! — проговорила она.

— Что?

— Помните вы... сравнение, которое вы сделали вчера... помните... с дубом.

— Ну да, помню. Что же?

Наталья взглянула украдкой на Рудина.

— Зачем вы... что вы хотели сказать этим сравнением?

Рудин наклонил голову и устремил глаза вдаль.

— Наталья Алексеевна! — начал он с свойственным ему сдержанным и значительным выражением, которое всегда заставляло слушателя думать, что Рудин не высказывал и десятой доли того, что теснилось ему в душу, — Наталья

Алексеевна! вы могли заметить, я мало говорю о своем прошедшем. Есть некоторые струны, до которых я не касаюсь вовсе. Мое сердце... кому какая нужда знать о том, что в нем происходило? Выставлять это напоказ мне всегда казалось святотатством. Но с вами я откровенен: вы возбуждаете мое доверие ... Не могу утаить от вас, что и я любил и страдал, как все... Когда и как? об этом говорить не стоит; но сердце мое испытало много радостей и много горестей...

Рудин помолчал немного.

— То, что я вам сказал вчера, — продолжал он, — может быть до некоторой степени применено ко мне, к теперешнему моему положению. Но опять-таки об этом говорить не стоит. Эта сторона жизни для меня уже исчезла. Мне остается теперь тащиться по знойной и пыльной дороге, со станции до станции, в тряской телеге ... Когда я доеду, и доеду ли — бог знает... Поговоримте лучше о вас.

— Неужели же, Дмитрий Николаевич, — перебила его Наталья, — вы ничего не ждете от жизни?

— О нет! я жду многого, но не для себя... От деятельности, от блаженства деятельности я никогда не откажусь; но я отказался от наслаждения. Мои надежды, мои мечты — и собственное мое счастие не имеют ничего общего. Любовь (при этом слове он пожал плечом)... любовь — не для меня; я... ее не стою; женщина, которая любит, вправе требовать всего человека, а я уж весь отдаться не могу. Притом нравиться — это дело юношей: я слишком стар. Куда мне кружить чужие головы? Дай бог свою сносить на плечах!

— Я понимаю, — промолвила Наталья, — кто стремится к великой цели, уже не должен думать о себе; но разве женщина не в состоянии оценить такого человека? Мне кажется, напротив, женщина скорее отвернется от эгоиста... Все молодые люди, эти юноши, по-вашему, все — эгоисты, все только собою заняты, даже когда любят. Поверьте, женщина не только способна понять самопожертвование: она сама умеет пожертвовать собою.

Щеки Натальи слегка зарумянились, и глаза ее заблестели. До знакомства с Рудиным она никогда бы не произнесла такой длинной речи и с таким жаром.

— Вы не раз слышали мое мнение о призвании женщин, — возразил с снисходительной улыбкой Рудин. — Вы знаете, что, по-моему, одна Жанна д'Арк могла спасти Францию... но дело не в том. Я хотел поговорить о вас. Вы стоите на пороге жизни... Рассуждать о вашей будущности и весело и не бесплодно... Послушайте: вы знаете, я ваш друг; я принимаю в вас почти родственное участие... А потому я надеюсь, вы не найдете моего вопроса нескромным: скажите, ваше сердце до сих пор совершенно спокойно?

Наталья вся вспыхнула и ничего не сказала. Рудин остановился, и она остановилась.

— Вы не сердитесь на меня? — спросил он.

— Нет, — проговорила она, — но я никак не ожидала...

— Впрочем, — продолжал он. — вы можете не отвечать мне. Ваша тайна мне известна.

Наталья почти с испугом взглянула на него.

— Да... да; я знаю, кто вам нравится. И я должен сказать — лучшего выбора вы сделать не могли. Он человек прекрасный; он сумеет оценить вас; он не измят жизнью — он прост и ясен душою... он составит ваше счастие.

— О ком говорите вы, Дмитрий Николаич?

— Будто вы не понимаете, о ком я говорю? Разумеется, о Волынцеве. Что ж? разве это неправда?

Наталья отвернулась немного от Рудина. Она совершенно растерялась.

— Разве он не любит вас? Помилуйте! он не сводит с вас глаз, следит за каждым вашим движением; да и, наконец, разве можно скрыть любовь? И вы сами разве не благосклонны к нему? Сколько я мог заметить, и матушке вашей он также нравится... Ваш выбор...

— Дмитрий Николаич! — перебила его Наталья, в смущении протягивая руку к близ стоявшему кусту, — мне, право, так неловко говорить об этом; но я вас уверяю ... вы ошибаетесь.

— Я ошибаюсь? — повторил Рудин. — Не думаю... Я с вами познакомился недавно; но я уже хорошо вас знаю. Что же значит перемена, которую я вижу в вас, вижу ясно? Разве вы такая, какою я застал вас шесть недель тому назад?.. Нет, Наталья Алексеевна, сердце ваше не спокойно.

— Может быть, — ответила Наталья едва внятно, — но вы все-таки ошибаетесь.

— Как это? — спросил Рудин.

— Оставьте меня, не спрашивайте меня! — возразила Наталья и быстрыми шагами направилась к дому.

Ей самой стало страшно всего того, что она вдруг почувствовала в себе.

Рудин догнал и остановил ее.

— Наталья Алексеевна! — заговорил он, — этот разговор не может так кончиться: он слишком важен и для меня... Как мне понять вас?

— Оставьте меня! — повторила Наталья.

— Наталья Алексеевна, ради бога!

На лице Рудина изобразилось волнение. Он побледнел.

— Вы все понимаете, вы и меня должны понять! — сказала Наталья, вырвала у него руку и пошла не оглядываясь.

— Одно только слово! — крикнул ей вслед Рудин.

Она остановилась, но не обернулась.

— Вы меня спрашивали, что я хотел сказать вчерашним сравнением. Знайте же, я обманывать вас не хочу. Я говорил о себе, о своем прошедшем — и о вас.

— Как? обо мне?

— Да, о вас; я, повторяю, не хочу вас обманывать... Вы теперь знаете, о каком чувстве, о каком новом чувстве я говорил тогда... До нынешнего дня я никогда бы не решился...

Наталья вдруг закрыла лицо руками и побежала к дому.

Она так была потрясена неожиданной развязкой разговора с Рудиным, что и не заметила Волынцева, мимо которого пробежала. Он стоял неподвижно, прислонясь спиною к дереву. Четверть часа тому назад он приехал к Дарье Михайловне и застал ее в гостиной, сказал слова два, незаметно удалился и отправился отыскивать Наталью. Руководимый чутьем, свойственным влюбленным людям, он пошел прямо в сад и наткнулся на нее и на Рудина в то самое мгновение, когда она вырвала у него руку. У Волынцева потемнело в глазах. Проводив Наталью взором, он отделился от дерева и шагнул раза два, сам не зная, куда и зачем. Рудин увидел его, поравнявшись с ним. Оба посмотрели друг другу в глаза, поклонились и разошлись молча.

"Это так не кончится", — подумали оба.

Волынцев пошел на самый конец сада. Ему горько и тошно стало; а на сердце залег свинец, и кровь по временам поднималась злобно. Дождик стал опять накрапывать. Рудин вернулся к себе в комнату. И он не был спокоен: вихрем кружились в нем мысли. Доверчивое, неожиданное прикосновение молодой, честной души смутит хоть кого.

За столом все шло как-то неладно. Наталья, вся бледная, едва держалась на стуле и не поднимала глаз. Волынцев сидел, по обыкновению, возле нее и время от времени принужденно заговаривал с нею. Случилось так, что Пигасов в тот день обедал у Дарьи Михайловны. Он больше всех говорил за столом. Между прочим он начал доказывать, что людей, как собак, можно разделить на куцых и длиннохвостых. "Куцыми бывают люди, — говорил он, — и от рождения и по собственной вине. Куцым плохо: им ничего не удается — они не имеют самоуверенности. Но человек, у которого длинный пушистый хвост, — счастливец. Он может быть и плоше и слабее куцего, да уверен в себе; распустит хвост — все любуются. И ведь вот что достойно удивления:

ведь хвост — совершенно бесполезная часть тела, согласитесь; на что может пригодиться хвост? а все судят о ваших достоинствах по хвосту".

— Я, — прибавил он со вздохом, — принадлежу к числу куцых, и, что досаднее всего, — я сам отрубил себе хвост.

— То есть вы хотите сказать, — заметил небрежно Рудин, — что, впрочем, уже давно до вас сказал Ларошфуко: будь уверен в себе, другие в тебя поверят. К чему тут было примешивать хвост, я не понимаю.

— Позвольте же каждому, — резко заговорил Волынцев, и глаза его загорелись, — позвольте каждому выражаться, как ему вздумается. Толкуют о деспотизме ... По-моему, нет хуже деспотизма так называемых умных людей. Черт бы их побрал!

Всех изумила выходка Волынцева, все притихли. Рудин посмотрел было на него, но не выдержал его взора, отворотился, улыбнулся и рта не разинул.

"Эге! да и ты куц!" — подумал Пигасов; а у Натальи душа замерла от страха. Дарья Михайловна долго, с недоумением, посмотрела на Волынцева и, наконец, первая заговорила: начала рассказывать о какой-то необыкновенной собаке ее друга, министра NN...

Волынцев уехал скоро после обеда. Раскланиваясь с Натальей, он не вытерпел и сказал ей:

— Отчего вы так смущены, словно виноваты? Вы ни перед кем виноваты быть не сможете!..

Наталья ничего не поняла и только посмотрела ему вслед. Перед чаем Рудин подошел к ней и, нагнувшись над столом, как будто разбирая газеты, шепнул:

— Все это как сон, не правда ли? Мне непременно нужно видеть вас наедине... хотя минуту. — Он обратился к m-lle Boncourt. — Вот, — сказал он ей, — тот фельетон, который вы искали, — и, снова наклонясь к Наталье, прибавил шепотом: — постарайтесь быть около десяти часов возле террасы, в сиреневой беседке: я буду ждать вас...

Героем вечера был Пигасов. Рудин уступил ему поле сражения. Он очень смешил Дарью Михайловну; сперва он рассказывал об одном своем соседе, который, состоя лет тридцать под башмаком жены, до того обабился, что, переходя однажды, в присутствии Пигасова, мелкую лужицу, занес назад руку и отвел вбок фалды сюртука, как женщины это делают со своими юбками. Потом он обратился к другому помещику, который сначала был масоном, потом меланхоликом, потом желал быть банкиром.

— Как же это вы были масоном, Филипп Степаныч? — спросил его Пигасов.

— Известно как: я носил длинный ноготь на пятом пальце.

Но больше всего смеялась Дарья Михайловна, когда Пигасов пустился рассуждать о любви и уверять, что и о нем вздыхали, что одна пылкая немка называла его даже "аппетитным Африканчиком и хрипунчиком". Дарья Михайловна смеялась, а Пигасов не лгал: он действительно имел право хвастаться своими победами. Он утверждал, что ничего не может быть легче, как влюбить в себя какую угодно женщину, стоит только повторять ей десять дней сряду, что у ней в устах рай, а в очах блаженство и что остальные женщины перед ней простые тряпки, и на одиннадцатый день она сама скажет, что у ней в устах рай и в очах блаженство, и полюбит вас. Все на свете бывает. Почему знать? может быть, Пигасов и прав.

В половине десятого Рудин уже был в беседке. В далекой и бледной глубине неба только что проступали звездочки; на западе еще алело — там и небосклон казался ясней и чище; полукруг луны блестел золотом сквозь черную сетку плакучей березы. Другие деревья либо стояли угрюмыми великанами, с тысячью просветов, наподобие глаз, либо сливались в сплошные мрачные громады. Ни один листок не шевелился; верхние ветки сиреней и акаций как будто прислушивались к чему-то и вытягивались в теплом воздухе. Дом темнел вблизи; пятнами красноватого света рисовались на нем освещенные длинные окна. Кроток и тих был вечер; но сдержанный, страстный вздох чудился в этой тишине.

Рудин стоял, скрестив руки на груди, и слушал с напряженным вниманием. Сердце в нем билось сильно, и он невольно удерживал дыхание. Наконец ему послышались легкие, торопливые шаги, и в беседку вошла Наталья.

Рудин бросился к ней, взял ее за руки. Они были холодны, как лед.

— Наталья Алексеевна!— заговорил он трепетным шепотом, — я хотел вас видеть... я не мог дождаться завтрашнего дня. Я должен вам сказать, чего я не подозревал, чего я не сознавал даже сегодня утром: я люблю вас.

Руки Натальи слабо дрогнули в его руках.

— Я люблю вас, — повторил он, — и как я мог так долго обманываться, как я давно не догадался, что люблю вас!.. А вы?.. Наталья Алексеевна, скажите, вы?..

Наталья едва переводила дух.

— Вы видите, я пришла сюда, — проговорила она наконец.

— Нет, скажите, вы любите меня?

— Мне кажется... да... — прошептала она.

Рудин еще крепче стиснул ее руки и хотел было привлечь ее к себе...

Наталья быстро оглянулась.

— Пустите меня, мне страшно — мне кажется, кто-то нас подслушивает... Ради бога, будьте осторожны. Волынцев догадывается.

— Бог с ним! Вы видели, я и не отвечал ему сегодня... Ах, Наталья Алексеевна, как я счастлив! Теперь уже ничто нас не разъединит!

Наталья взглянула ему в глаза.

— Пустите меня, — прошептала она, — мне пора.

— Одно мгновенье, — начал Рудин...

— Нет, пустите, пустите меня...

— Вы как будто меня боитесь?

— Нет; но мне пора...

— Так повторите по крайней мере еще раз...

— Вы говорите, вы счастливы? — спросила Наталья.

— Я? Нет человека в мире счастливее меня! Неужели вы сомневаетесь?

Наталья приподняла голову. Прекрасно было ее бледное лицо, благородное, молодое и взволнованное — в таинственной тени беседки, при слабом свете, падавшем с ночного неба.

— Знайте же, — сказала она, — я буду ваша.

— О, боже!— воскликнул Рудин.

Но Наталья уклонилась и ушла. Рудин постоял немного, потом вышел медленно из беседки. Луна ясно осветила его лицо; на губах его блуждала улыбка.

— Я счастлив, — произнес он вполголоса. — Да, я счастлив, — повторил он, как бы желая убедить самого себя.

Он выпрямил свой стан, встряхнул кудрями и пошел проворно в сад, весело размахивая руками.

А между тем в сиреневой беседке тихонько раздвинулись кусты и показался Пандалевский. Он осторожно оглянулся, покачал головой, сжал губы, произнес значительно: "Вот как-с. Это надобно будет довести до сведения Дарьи Михайловны", — и скрылся.

VIII

Возвратясь домой, Волынцев был так уныл и мрачен, так неохотно отвечал своей сестре и так скоро заперся к себе в кабинет, что она решилась послать гонца за Лежневым. Она прибегала к нему во всех затруднительных случаях. Лежнев велел ей сказать, что приедет на следующий день.

Волынцев и к утру не повеселел. Он хотел было после чаю отправиться на работы, но остался, лег на диван и принялся читать книгу, что с ним случалось не часто. Волынцев к литературе влечения не чувствовал, а стихов просто боялся. "Это непонятно, как стихи", — говаривал он и, в подтверждение слов своих, приводил следующие строки поэта Айбулата:

И до конца печальных дней
Ни гордый опыт, ни рассудок
Не изомнут рукой своей
Кровавых жизни незабудок.

Александра Павловна тревожно посматривала на своего брата, но не беспокоила его вопросами. Экипаж подъехал к крыльцу. "Ну, — подумала она, — слава богу, Лежнев.." Слуга вошел и доложил о приезде Рудина.

Волынцев бросил книгу на пол и поднял голову.

— Кто приехал? — спросил он.

— Рудин, Дмитрий Николаич, — повторил слуга.

Волынцев встал.

— Проси, — промолвил он, — а ты, сестра, — прибавил он, обратясь к Александре Павловне, — оставь нас.

— Да почему же? — начала она.

— Я знаю, — перебил он с запальчивостью, — я прошу тебя.

Вошел Рудин. Волынцев холодно поклонился ему, стоя посреди комнаты, и не протянул ему руки.

— Вы меня не ждали, признайтесь, — начал Рудин и поставил шляпу на окно.

Губы его слегка подергивало. Ему было неловко; но он старался скрыть свое замешательство.

— Я вас не ждал, точно, — возразил Волынцев, — я скорее, после вчерашнего дня, мог ждать кого-нибудь — с поручением от вас.

— Я понимаю, что вы хотите сказать, — промолвил Рудин, садясь, — и очень рад вашей откровенности. Этак гораздо лучше. Я сам приехал к вам как к благородному человеку.

— Нельзя ли без комплиментов? — заметил Волынцев.

— Я желаю объяснить вам, зачем я приехал.

— Мы с вами знакомы: почему же вам и не приехать ко мне? Притом же вы не в первый раз удостоиваете меня своим посещением.

— Я приехал к вам как благородный человек к благородному человеку, — повторил Рудин, — и хочу теперь сослаться на собственный ваш суд... Я доверяю вам вполне.

— Да в чем дело? — проговорил Волынцев, который все еще стоял в прежнем положении и сумрачно глядел на Рудина, изредка подергивая концы усов.

— Позвольте... я приехал затем, чтобы объясниться, конечно; но все-таки это нельзя разом.

— Отчего же нельзя?

— Здесь замешано третье лицо...

— Какое третье лицо?

— Сергей Павлыч, вы меня понимаете.

— Дмитрий Николаич, я вас нисколько не понимаю.

— Вам угодно...

— Мне угодно, чтобы вы говорили без обиняков! — подхватил Волынцев.

Он начинал сердиться не на шутку.

Рудин нахмурился.

— Извольте... мы одни... Я должен вам сказать —

впрочем, вы, вероятно, уже догадываетесь (Волынцев нетерпеливо пожал плечами), — я должен вам сказать, что я люблю Наталью Алексеевну и имею право предполагать, что и она меня любит.

Волынцев побледнел, но ничего не ответил, отошел к окну и отвернулся.

— Вы понимаете, Сергей Павлыч, — продолжал Рудин, — что если бы я не был уверен...

— Помилуйте!— поспешно перебил Волынцев, — я нисколько не сомневаюсь... Что ж! на здоровье! Только, я удивляюсь, с какого дьявола вам вздумалось ко мне с этим известием пожаловать... Я-то тут что? Что мне за дело, кого вы любите и кто вас любит? Я просто не могу понять.

Волынцев продолжал глядеть в окно. Голос его звучал глухо.

Рудин встал.

— Я вам скажу, Сергей Павлыч, почему я решился приехать к вам, почему я не почел себя даже вправе скрыть от вас нашу... наше взаимное расположение. Я слишком глубоко уважаю вас — вот почему я приехал; я не хотел... мы оба не хотели разыгрывать перед вами комедию. Чувство ваше к Наталье Алексеевне было мне известно... Поверьте, я знаю себе цену: я знаю, как мало достоин я того, чтобы заменить вас в ее сердце; но если уж этому суждено было случиться, неужели же лучше хитрить, обманывать, притворяться? Неужели лучше подвергаться недоразумениям или даже возможности такой сцены, какая произошла вчера за обедом? Сергей Павлыч, скажите сами.

Волынцев скрестил руки на груди, как бы усиливаясь укротить самого себя.

— Сергей Павлыч! — продолжал Рудин, — я огорчил вас, я это чувствую... но поймите нас... поймите, что мы не имели другого средства доказать вам наше уважение, доказать, что мы умеем ценить ваше прямодушное благородство. Откровенность, полная откровенность со всяким другим была бы неуместна, но с вами она становится обязанностью. Нам приятно думать, что наша тайна в ваших руках...

Волынцев принужденно захохотал.

— Спасибо за доверенность!— воскликнул он, — хотя, прошу заметить, я не желал ни знать вашей тайны, ни своей вам выдать, а вы ею распоряжаетесь, как своим добром. Но, позвольте, вы говорите как бы от общего лица. Стало быть, я могу предполагать, что Наталье Алексеевне известно ваше посещение и цель этого посещения?

Рудин немного смутился.

— Нет, я не сообщил Наталье Алексеевне моего намерения; но, я знаю, она разделяет мой образ мыслей.

— Все это прекрасно, — заговорил, помолчав немного, Волынцев и забарабанил пальцами по стеклу, — хотя, признаться, было бы гораздо лучше, если бы вы поменьше меня уважали. Мне, по правде сказать, ваше уважение ни к черту не нужно; но что же вы теперь хотите от меня?

— Я ничего не хочу... или нет! я хочу одного: я хочу, чтобы вы не считали меня коварным и хитрым человеком, чтобы вы поняли меня... Я надеюсь, что вы теперь уже не можете сомневаться в моей искренности... Я хочу, Сергей Павлыч, чтобы мы расстались друзьями... чтобы вы по-прежнему притянули мне руку...

И Рудин приблизился к Волынцеву.

— Извините меня, милостивый государь, — промолвил Волынцев, обернувшись и отступив шаг назад, — я готов отдать полную справедливость вашим намерениям, все это прекрасно, положим, даже возвышенно, но мы люди простые, едим пряники неписаные, мы не в состоянии следить за полетом таких великих умов, каков ваш... Что вам кажется искренним, нам кажется навязчивым и нескромным... Что для вас просто и ясно, для нас запутанно и темно... Вы хвастаетесь тем, что мы скрываем: где же нам понять вас! Извините меня: ни другом я вас считать не могу, ни руки я вам не подам ... Это, может быть, мелко; да ведь я сам мелок.

Рудин взял шляпу с окна.

— Сергей Павлыч! — проговорил он печально, — прощайте; я обманулся в своих ожиданиях. Посещение мое действительно довольно странно; но я надеялся, что вы (Волынцев сделал нетерпеливое движение)... Извините, я больше говорить об этом не стану. Сообразив все, я вижу, точно: вы правы и иначе поступить не могли. Прощайте и позвольте по крайней мере еще раз, в последний раз, уверить вас в чистоте моих намерений... В вашей скромности я убежден...

— Это уже слишком! — воскликнул Волынцев и затрясся от гнева, — я нисколько не напрашивался на ваше доверие, а потому рассчитывать на мою скромность вы не имеете никакого права!

Рудин хотел что-то сказать, но только руками развел, поклонился и вышел, а Волынцев бросился на диван и повернулся лицом к стене.

— Можно войти к тебе? — послышался у двери голос Александры Павловны.

Волынцев не тотчас отвечал и украдкой провел рукой по лицу.

— Нет, Саша, — проговорил он слегка изменившимся голосом, — погоди еще немножко.

Полчаса спустя Александра Павловна опять подошла к двери.

— Михайло Михайлыч приехал, — сказала она, — хочешь ты его видеть?

— Хочу, — ответил Волынцев, — пошли его сюда.

Лежнев вошел.

— Что — ты нездоров? — спросил он, усаживаясь на кресла возле дивана.

Волынцев приподнялся, оперся на локоть, долго, долго посмотрел своему приятелю в лицо и тут же передал ему весь свой разговор с Рудиным, от слова до слова. Он никогда до тех пор и не намекал Лежневу о своих чувствах к Наталье, хотя и догадывался, что они для него не были скрыты.

— Ну, брат, удивил ты меня, — проговорил Лежнев, как только Волынцев кончил свой рассказ. — Много странностей ожидал я от него, но уж это... Впрочем, узнаю его и тут.

— Помилуй!— говорил взволнованный Волынцев, — ведь это просто наглость! Ведь я чуть-чуть его за окно не выбросил. Похвастаться, что ли, он хотел передо мной или струсил? Да с какой стати? Как решиться ехать к человеку...

Волынцев закинул руки за голову и умолк.

— Нет, брат, это не то, — спокойно возразил Лежнев. — Ты вот мне не поверишь, а ведь он это сделал из хорошего побуждения. Право... Оно, вишь ты, и благородно и откровенно, ну, да и поговорить представляется случай, красноречие в ход пустить; а ведь нам вот чего нужно, вот без чего мы жить не в состоянии... Ох, язык его — враг его... Ну, зато же он и слуга ему.

— С какой торжественностью он вошел и говорил, ты себе представить не можешь!..

— Ну, да без этого уж нельзя. Он сюртук застегивает, словно священный долг исполняет. Я бы посадил его на необитаемый остров и посмотрел бы из-за угла, как бы он там распоряжаться стал. А все толкует о простоте!

— Да скажи мне, брат, ради бога, — спросил Волынцев, — что это такое, философия, что ли?

— Как тебе сказать? с одной стороны, пожалуй, это точно философия — а с другой, уж это совсем не то. На философию всякий вздор сваливать тоже не приходится.

Волынцев взглянул на него.

— А не солгал ли он, как ты думаешь?

— Нет, сын мой, не солгал. А впрочем, знаешь ли что?

Довольно рассуждать об этом. Давай-ка, братец, закурим трубки да попросим сюда Александру Павловну... При ней и говорится лучше и молчится легче. Она нас чаем напоит.

— Пожалуй, — возразил Волынцев. — Саша, войди! — крикнул он.

Александра Павловна вошла. Он схватил ее руку и крепко прижал ее к своим губам.

***

Рудин вернулся домой в состоянии духа смутном и странном. Он досадовал на себя, упрекал себя в непростительной опрометчивости, в мальчишестве. Недаром сказал кто-то: нет ничего тягостнее сознания только что сделанной глупости.

Раскаяние грызло Рудина.

"Черт меня дернул, — шептал он сквозь зубы, — съездить к этому помещику! Вот пришла мысль! Только на дерзости напрашиваться!.."

А в доме Дарьи Михайловны происходило что-то необыкновенное. Сама хозяйка целое утро не показывалась и к обеду не вышла: у ней, по уверению Пандалевского, единственного допущенного до ней лица, голова болела. Наталью Рудин также почти не видал: она сидела в своей комнате с m-lle Boncourt... Встретясь с ним в столовой, она так печально на него посмотрела, что у него сердце дрогнуло. Ее лицо изменилось, словно несчастье обрушилось на нее со вчерашнего дня. Тоска неопределенных предчувствий начала томить Рудина. Чтобы как-нибудь развлечься, он занялся с Басистовым, много с ним разговаривал и нашел в нем горячего, живого малого, с восторженными надеждами и нетронутой еще верой. К вечеру Дарья Михайловна появилась часа на два в гостиной. Она была любезна с Рудиным, но держалась как-то отдаленно и то посмеивалась, то хмурилась, говорила в нос и все больше намеками... Так от нее придворной дамой и веяло. В последнее время она как будто охладела немного к Рудину. "Что за загадка?" — думал он, глядя сбоку на ее закинутую головку.

Он недолго дожидался разрешения этой загадки. Возвращаясь, часу в двенадцатом ночи, в свою комнату, шел он по темному коридору. Вдруг кто-то сунул ему в руку записку. Он оглянулся: от него удалялась девушка, как ему показалось, Натальина горничная. Он пришел к себе, услал человека, развернул записку и прочел следующие строки, начертанные рукою Натальи:

"Приходите завтра в седьмом часу утра, не позже, к Авдюхину пруду, за дубовым лесом. Всякое другое время невозможно. Это будет наше последнее свидание, и все будет кончено, если... Приходите. Надо будет решиться...

P. S. Если я не приду, значит, мы не увидимся больше: тогда я вам дам знать..."

Рудин задумался, повертел записку в руках, положил ее под подушку, разделся, лег, но заснул не скоро, спал чутким сном, и не было еще пяти часов, когда он проснулся.

IX

Авдюхин пруд, возле которого Наталья назначила свидание Рудину, давно перестал быть прудом. Лет тридцать тому назад его прорвало, и с тех пор его забросили. Только по ровному и плоскому дну оврага, некогда затянутому жирным илом, да по остаткам плотины можно было догадаться, что здесь был пруд. Тут же существовала усадьба. Она давным-давно исчезла. Две огромные сосны напоминали о ней; ветер вечно шумел и угрюмо гудел в их высокой, тощей зелени... В народе ходили таинственные слухи о страшном преступлении, будто бы совершенном у их корня; поговаривали также, что ни одна из них не упадет, не причинив кому-нибудь смерти; что тут прежде стояла третья сосна, которая в бурю повалилась и задавила девочку. Все место около старого пруда считалось нечистым; пустое и голое, но глухое и мрачное даже в солнечный день, оно казалось еще мрачнее и глуше от близости дряхлого дубового леса, давно вымершего и засохшего. Редкие серые остовы громадных деревьев высились какими-то унылыми призраками над низкой порослью кустов. Жутко было смотреть на них: казалось, злые старики сошлись и замышляют что-то недоброе. Узкая, едва проторенная дорожка вилась в стороне. Без особенной нужды никто не проходил мимо Авдюхина пруда. Наталья с намерением выбрала такое уединенное место. До него от дома Дарьи Михайловны было не более полуверсты.

Солнце уже давно встало, когда Рудин пришел к Авдюхину пруду; но невеселое было утро. Сплошные тучи молочного света покрывали все небо; ветер быстро гнал их, свистя и взвизгивая. Рудин начал ходить взад и вперед по плотине, покрытой цепким лопушником и почернелой крапивой. Он не был спокоен. Эти свидания, эти новые ощущения занимали, но и волновали его, особенно после вчерашней записки. Он видел, что развязка приближалась, и втайне смущался духом, хотя никто бы этого не подумал, глядя, с какой сосредоточенной решимостью он скрещивал руки на груди и поводил кругом глазами. Недаром про него сказал однажды Пигасов, что его, как китайского болванчика, постоянно перевешивала голова. Но с одной головой, как бы она сильна ни была, человеку трудно узнать даже то, что в нем самом происходит... Рудин, умный, проницательный Рудин, не в состоянии был сказать наверное, любит ли он Наталью, страдает ли он, будет ли страдать, расставшись с нею. Зачем же, не прикидываясь даже Ловласом, — эту справедливость отдать ему следует, — сбил он с толку бедную девушку? Отчего ожидал ее с тайным трепетом? На это один ответ: никто так легко не увлекается, как бесстрастные люди. Он ходил по плотине, а Наталья спешила к нему прямо через поле, по мокрой траве.

— Барышня! барышня! вы себе ноги замочите, — говорила ей ее горничная Маша, едва поспевая за ней.

Наталья не слушала ее и бежала без оглядки.

— Ах, как бы не подсмотрели нас! — твердила Маша. — Уж и тому дивиться надо, как мы из дому-то вышли. Как бы мамзель не проснулась... Благо, недалеко... А уж они ждут-с, — прибавила она, увидев внезапно статную фигуру Рудина, картинно стоявшего на плотине, — только напрасно они этак на юру стоят — сошли бы в лощину.

Наталья остановилась.

— Подожди здесь, Маша, у сосен, — промолвила она и спустилась к пруду.

Рудин подошел к ней и остановился в изумлении. Такого выражения он еще не замечал на ее лице. Брови ее были сдвинуты, губы сжаты, глаза глядели прямо и строго.

— Дмитрий Николаич, — начала она, — нам время терять некогда. Я пришла на пять минут. Я должна сказать вам, что матушка все знает. Господин Пандалевский подсмотрел нас третьего дня и рассказал ей о нашем свидании. Он всегда был шпионом у матушки. Она вчера позвала меня к себе.

— Боже мой! — воскликнул Рудин, — это ужасно... Что же сказала ваша матушка?

— Она не сердилась на меня, не бранила меня, только попеняла мне за мое легкомыслие.

— Только?

— Да, и объявила мне, что она скорее согласится видеть меня мертвою, чем вашей женою.

— Неужели она это сказала?

— Да; и еще прибавила, что вы сами нисколько не желаете жениться на мне, что вы только так, от скуки, приволокнулись за мной и что она этого от вас не ожидала; что, впрочем, она сама виновата: зачем позволила мне так часто видеться с вами... что она надеется на мое благоразумие, что я ее очень удивила... да уже я и не помню всего, что она говорила мне.

Наталья произнесла все это каким-то ровным, почти беззвучным голосом.

— А вы, Наталья Алексеевна, что вы ей ответили? — спросил Рудин.

— Что я ей ответила? — повторила Наталья. — Что вы теперь намерены делать?

— Боже мой! Боже мой! — возразил Рудин, — это жестоко! Так скоро!.. такой внезапный удар!.. И ваша матушка пришла в такое негодование?

— Да... да, она слышать о вас не хочет.

— Это ужасно! Стало быть, никакой надежды нет?

— Никакой.

— За что мы так несчастливы! Гнусный этот Пандалевский!.. Вы меня спрашиваете, Наталья Алексеевна, что я намерен делать? У меня голова кругом идет — я ничего сообразить не могу... Я чувствую только свое несчастие... удивляюсь, как вы можете сохранять хладнокровие!..

— Вы думаете, мне легко? — проговорила Наталья.

Рудин начал ходить по плотине. Наталья не спускала с него глаз.

— Ваша матушка вас не расспрашивала? — промолвил он наконец.

— Она меня спросила, люблю ли я вас.

— Ну... и вы?

Наталья помолчала.

— Я не солгала.

Рудин взял ее за руку.

— Всегда, во всем благородна и великодушна! О, сердце девушки — это чистое золото! Но неужели ваша матушка так решительно объявила свою волю насчет невозможности нашего брака?

— Да, решительно. Я уж вам сказала, она убеждена, что вы сами не думаете жениться на мне.

— Стало быть, она считает меня за обманщика! Чем я заслужил это?

И Рудин схватил себя за голову.

— Дмитрий Николаич! — промолвила Наталья, — мы тратим попусту время. Вспомните, я в последний раз вижусь с вами. Я пришла сюда не плакать, не жаловаться — вы видите, я не плачу, — я пришла за советом.

— Да какой совет могу я дать вам, Наталья Алексеевна?

— Какой совет? Вы мужчина; я привыкла вам верить, я до конца буду верить вам. Скажите мне, какие ваши намерения?

— Мои намерения? Ваша матушка, вероятно, откажет мне от дому.

— Может быть. Она уже вчера объявила мне, что должна будет раззнакомиться с вами... Но вы не отвечаете на мой вопрос.

— На какой вопрос?

— Как вы думаете, что нам надобно теперь делать?

— Что нам делать? — возразил Рудин, — разумеется, покориться.

— Покориться, — медленно повторила Наталья, и губы ее побледнели.

— Покориться судьбе, — продолжал Рудин. — Что же

делать! Я слишком хорошо знаю, как это горько, тяжело, невыносимо; но посудите сами, Наталья Алексеевна, я беден... Правда, я могу работать; но если б я был даже богатый человек, в состоянии ли вы перенести насильственное расторжение с вашим семейством, гнев вашей матери?.. Нет, Наталья Алексеевна; об этом и думать нечего. Видно, нам не суждено было жить вместе, и то счастье, о котором я мечтал, не для меня!

Наталья вдруг закрыла лицо руками и заплакала. Рудин приблизился к ней.

— Наталья Алексеевна! милая Наталья! — заговорил он с жаром, — не плачьте, ради бога, не терзайте меня, утешьтесь...

Наталья подняла голову.

— Вы мне говорите, чтобы я утешилась, — начала она, и глаза ее заблестели сквозь слезы, — я не о том плачу, о чем вы думаете... Мне не то больно: мне больно то, что я в вас обманулась... Как! я прихожу к вам за советом, и в какую минуту, и первое ваше слово: покориться... Покориться! Так вот как вы применяете на деле ваши толкования о свободе, о жертвах, которые...

Ее голос прервался.

— Но, Наталья Алексеевна, — начал смущенный Рудин, — вспомните... я не отказываюсь от слов моих... только...

— Вы спрашивали меня, — продолжала она с новой силой, — что я ответила моей матери, когда она объявила мне, что скорее согласится на мою смерть, чем на брак мой с вами: я ей ответила, что скорее умру, чем выйду за другого замуж... А вы говорите: покориться! Стало быть, она была права: вы точно, от нечего делать, от скуки, пошутили со мной...

— Клянусь вам, Наталья Алексеевна... уверяю вас... — твердил Рудин.

Но она его не слушала.

— Зачем же вы не остановили меня? зачем вы сами... Или вы не рассчитывали на препятствия? Мне стыдно говорить об этом... но ведь все уже кончено.

— Вам надо успокоиться, Наталья Алексеевна, — начал было Рудин, — нам надо вдвоем подумать, какие меры...

— Вы так часто говорили о самопожертвовании, — перебила она, — но знаете ли, если б вы сказали мне сегодня, сейчас: "Я тебя люблю, но я жениться не могу, я не отвечаю за будущее, дай мне руку и ступай за мной", — знаете ли, что я бы пошла за вами, знаете ли, что я на все решилась? Но, верно, от слова до дела еще далеко, и вы теперь струсили точно так же, как струсили третьего дня за обедом перед Волынцевым!

Краска бросилась в лицо Рудину. Неожиданная восторженность Натальи его поразила; но последние слова ее уязвили е го самолюбие.

— Вы слишком раздражены теперь, Наталья Алексеевна, — начал он, вы не можете понять, как вы жестоко оскорбляете меня. Я надеюсь, что со временем вы отдадите мне справедливость; вы поймете, чего мне стоило отказаться от счастия, которое, как вы говорите сами, не налагало на меня никаких обязанностей. Ваше спокойствие дороже мне всего в мире, и я был бы человеком самым низким, если б решился воспользоваться...

— Может быть, может быть, — перебила Наталья, — может быть, вы правы; я не знаю, что говорю. Но я до сих пор вам верила, каждому вашему слову верила... Вперед, пожалуйста, взвешивайте ваши слова, не произносите их на ветер. Когда я вам сказала, что я люблю вас, я знала, что значит это слово: я на все была готова... Теперь мне остается благодарить вас за урок и проститься.

— Остановитесь, ради бога, Наталья Алексеевна. умоляю вас. Я не заслуживаю вашего презрения, клянусь вам. Войдите же и вы в мое положение. Я отвечаю за вас и за себя. Если б я не любил вас самой преданной любовью — да боже мой! я бы тотчас сам предложил вам бежать со мною... Рано или поздно, матушка ваша простит нас... и тогда... Но прежде чем думать о собственном счастье...

Он остановился. Взор Натальи, прямо на него устремленный, смущал его.

— Вы стараетесь мне доказать, что вы честный человек, Дмитрий Николаич, — промолвила она, — я в этом не сомневаюсь. Вы не в состоянии действовать из расчета; но разве в этом я желала убедиться, разве для этого я пришла сюда...

— Я не ожидал, Наталья Алексеевна...

— А! вот когда вы проговорились! Да, вы не ожидали всего этого — вы меня не знали. Не беспокойтесь ... вы не любите меня, а я никому не навязываюсь.

— Я вас люблю!— воскликнул Рудин.

Наталья выпрямилась.

— Может быть; но как вы меня любите? Я помню все ваши слова, Дмитрий Николаич. Помните, вы мне говорили, без полного равенства нет любви... Вы для меня слишком высоки, вы не мне чета... Я поделом наказана. Вам предстоят занятия, более достойные вас. Я не забуду нынешнего дня... Прощайте...

— Наталья Алексеевна, вы уходите? Неужели мы так расстанемся?

Он протянул к ней руки. Она остановилась. Его умоляющий голос, казалось, поколебал ее.

— Нет, — промолвила она наконец, — я чувствую, что-то во мне надломилось... Я шла сюда, я говорила с вами точно в горячке; надо опомниться. Этому не должно быть, вы сами сказали, этого не будет. Боже мой, когда я шла сюда, я мысленно прощалась с моим домом, со всем моим прошедшим, — и что же? кого я встретила здесь? малодушного человека... И почему вы знали, что я не в состоянии буду перенести разлуку с семейством? "Ваша матушка не согласна... Это ужасно!" Вот все, что я слышала от вас. Вы ли это, вы ли это, Рудин? Нет! прощайте... Ах! если бы вы меня любили, я бы почувствовала это теперь, в это мгновение ... Нет, нет, прощайте!..

Она быстро повернулась и побежала к Маше, которая уже давно начала беспокоиться и делать ей знаки.

— Вы трусите, а не я! — крикнул Рудин вслед Наталье.

Она уже не обращала на него внимания и спешила через поле домой. Она благополучно возвратилась к себе в спальню; но только лишь переступила порог, силы ей изменили, и она без чувств упала на руки Маше.

А Рудин долго еще стоял на плотине. Наконец он встрепенулся, медленными шагами добрался до дорожки и тихо пошел по ней. Он был очень пристыжен... и огорчен. "Какова?— думал он. — В восемнадцать лету... Нет, я ее не знал... Она замечательная девушка. Какая сила воли... Она права; она стоит не такой любви, какую я к ней чувствовал... Чувствовал?.. — спросил он самого себя. — Разве я уже больше не чувствую любви? Так вот как это все должно было кончиться! Как я был жалок и ничтожен перед ней!"

Легкий стук беговых дрожек заставил Рудина поднять глаза. К нему навстречу, на неизменном своем рысачке, ехал Лежнев. Рудин молча с ним раскланялся и, как пораженный внезапной мыслью, свернул с дороги и быстро пошел по направлению к дому Дарьи Михайловны.

Лежнев дал ему отойти, посмотрел вслед за ним и, подумав немного, тоже поворотил назад свою лошадь — и поехал обратно к Волынцеву, у которого провел ночь. Он застал его спящим, не велел будить его и, в ожидании чая, сел на балкон и закурил трубку.

X

Волынцев встал часу в десятом и, узнав, что Лежнев сидит у него на балконе, очень удивился и велел его попросить к себе.

— Что случилось? — спросил он его. — Ведь ты хотел к себе поехать.

— Да, хотел, да встретил Рудина... Один шагает по полю, и лицо такое расстроенное. Я взял да и вернулся.

— Ты вернулся оттого, что встретил Рудина?

— То есть, правду сказать, я сам не знаю, почему я вернулся; вероятно, потому, что о тебе вспомнил: хотелось с тобой посидеть, а к себе я еще успею.

Волынцев горько усмехнулся.

— Да, о Рудине нельзя теперь подумать, не подумав также и обо мне... Человек! — крикнул он громко, — дай нам чаю.

Приятели начали пить чай. Лежнев заговорил было о хозяйстве, о новом способе крыть амбары бумагой...

Вдруг Волынцев вскочил с кресел и с такой силой ударил по столу, что чашки и блюдечки зазвенели.

— Нет! — воскликнул он, — я этого дольше выносить не в силах! Я вызову этого умника, и пусть он меня застрелит, либо уж я постараюсь влепить пулю в его ученый лоб.

— Что ты, что ты, помилуй! — пробормотал Лежнев, — как можно так кричать! я чубук уронил... Что с тобой?

— А то, что я слышать равнодушно имени его не могу: вся кровь у меня так и заходит.

— Полно, брат, полно! как тебе не стыдно! — возразил Лежнев, поднимая с полу трубку. — Брось! — Ну его!..

— Он меня оскорбил, — продолжал Волынцев, расхаживая по комнате... — да! он оскорбил меня. Ты сам должен с этим согласиться. На первых порах я не нашелся: он озадачил меня; да и кто мог ожидать этого? Но я ему докажу, что шутить со мной нельзя... Я его, проклятого философа, как куропатку застрелю.

— Много ты этим выиграешь, как же! Я уж о сестре твоей не говорю. Известно, ты обуреваем страстью... где тебе о сестре думать! Да в отношении к другой особе, — что ты думаешь, убивши философа, ты дела свои поправишь?

Волынцев бросился в кресла.

— Так уеду я куда-нибудь! А то здесь тоска мне просто сердце отдавила; просто места нигде найти не могу.

— Уедешь... вот это другое дело! Вот с этим я согласен. И знаешь ли, что я тебе предлагаю? Поедем-ка вместе — на Кавказ или так просто в Малороссию, галушки есть. Славное, брат, дело!

— Да; а сестру-то с кем оставим?

— А почему же Александре Павловне не поехать с нами? Ей-богу, отлично выйдет. Ухаживать за ней, уж за это я берусь! Ни в чем недостатка иметь не будет; коли захочет, каждый вечер серенаду под окном устрою; ямщиков одеколоном надушу, цветы по дорогам натыкаю. А уж мы, брат, с тобой просто переродимся; так наслаждаться будем, брюханами такими назад приедем, что никакая любовь нас уже не проймет!

— Ты все шутишь, Миша!

— Вовсе не шучу. Это тебе блестящая мысль в голову пришла.

— Нет! вздор! — вскрикнул опять Волынцев, — я драться, драться с ним хочу!..

— Опять! Экой ты, брат, сегодня с колером!..

Человек вошел с письмом в руке.

— От кого? — спросил Лежнев.

— От Рудина, Дмитрия Николаевича. Ласунских человек привез.

— От Рудина? — повторил Волынцев. — К кому?

— К вам-с.

— Ко мне... подай.

Волынцев схватил письмо, быстро распечатал его, стал читать. Лежнев внимательно глядел на него: странное, почти радостное изумление изображалось на лице Волынцева; он опустил руки.

— Что такое? — спросил Лежнев.

— Прочти, — проговорил Волынцев вполголоса и протянул ему письмо.

Лежнев начал читать. Вот что писал Рудин:

"Милостивый государь, Сергей Павлович!

Я сегодня уезжаю из дома Дарьи Михайловны, и уезжаю навсегда. Это вас, вероятно, удивит, особенно после того, что произошло вчера. Я не могу объяснить вам, что именно заставляет меня поступить так; но мне почему-то кажется, что я должен известить вас о моем отъезде. Вы меня не любите и даже считаете меня за дурного человека. Я не намерен оправдываться: меня оправдает время. По-моему, и недостойно мужчины, и бесполезно доказывать предубежденному человеку несправедливость его предубеждений. Кто захочет меня понять, тот извинит меня, а кто понять не хочет или не может — обвинения того меня не трогают. Я ошибся в вас. В глазах моих вы по-прежнему остаетесь благородным и честным человеком; но я полагал, вы сумеете стать выше той среды, в которой развились... Я ошибся. Что делать?! Не в первый и не в последний раз. Повторяю вам: я уезжаю. Желаю вам счастия. Согласитесь, что это желание совершенно бескорыстно, и надеюсь, что вы теперь будете счастливы. Может быть, вы со временем измените свое мнение обо мне. Увидимся ли мы когда-нибудь, не знаю, но во всяком случае остаюсь искренно вас уважающий

Д. Р.".

"P. S. Должные мною вам двести рублей я вышлю, как только приеду к себе в деревню, в Т...ую губернию. Также прошу вас не говорить при Дарье Михайловне об этом письме".

"P. P.S. Еще одна последняя, но важная просьба: так как я теперь уезжаю, то, я надеюсь, вы не будете упоминать перед Натальей Алексеевной о моем посещении у вас..."

— Ну, что ты скажешь? — спросил Волынцев, как только Лежнев окончил письмо.

— Что тут сказать!— возразил Лежнев, — воскликнуть по-восточному: "Аллах! Аллах!" — и положить в рот палец изумления — вот все, что можно сделать. Он уезжает... Ну! дорога скатертью. Но вот что любопытно: ведь и это письмо он почел за долг написать, и являлся он к тебе по чувству долга... У этих господ на каждом шагу долг, и все долг — да долги, — прибавил Лежнев, с усмешкой указывая на post-scriptum.

— А каковы он фразы отпускает!— воскликнул Волынцев. — Он ошибся во мне: он ожидал, что я стану выше какой-то среды... Что за ахинея, господи! хуже стихов!

Лежнев ничего не ответил; одни глаза его улыбнулись. Волынцев встал.

— Я хочу съездить к Дарье Михайловне, — промолвил он, — я хочу узнать, что все это значит...

— Погоди, брат: дай ему убраться. К чему тебе опять с ним сталкиваться? Ведь он исчезает — чего тебе еще? Лучше поди-ка ляг да усни; ведь ты, чай, всю ночь с боку на бок проворочался. А теперь дела твои поправляются...

— Из чего ты это заключаешь?

— Да так мне кажется. Право, усни, а я пойду к твоей сестре — посижу с ней.

— Я вовсе спать не хочу. С какой стати мне спать!.. Я

лучше поеду поля осмотрю, — сказал Волынцев, одергивая полы пальто.

— И то добре. Поезжай, брат, поезжай, осмотри поля.

И Лежнев отправился на половину Александры Павловны. Он застал ее в гостиной. Она ласково его приветствовала. Она всегда радовалась его приходу; но лицо ее осталось печально. Ее беспокоило вчерашнее посещение Рудина.

— Вы от брата? — спросила она Лежнева, — каков он сегодня?

— Ничего, поехал поля осматривать.

Александра Павловна помолчала.

— Скажите, пожалуйста, — начала она, внимательно рассматривая кайму носового платка, — вы не знаете, зачем...

— Приезжал Рудин? — подхватил Лежнев. — Знаю: он приезжал проститься.

Александра Павловна подняла голову.

— Как — проститься?

— Да. Разве вы не слыхали? Он уезжает от Дарьи Михайловны.

— Уезжает?

— Навсегда; по крайней мере он так говорит.

— Да помилуйте, как же это понять, после всего того...

— А это другое дело! Понять этого нельзя, но оно так. Должно быть, что-нибудь там у них произошло. Струну слишком натянул — она и лопнула.

— Михайло Михайлыч! — начала Александра Павловна, — я ничего не понимаю; вы, мне кажется, смеетесь надо мной...

— Да ей-богу же нет... Говорят вам, он уезжает и даже письменно извещает об этом своих знакомых. Оно, если хотите, с некоторой точки зрения, недурно; но отъезд его помешал осуществиться одному удивительнейшему предприятию, о котором мы начали было толковать с вашим братом.

— Что такое? какое предприятие?

— А вот какое. Я предлагал вашему брату поехать для развлечения путешествовать и взять вас с собой. Ухаживать, собственно, за вами брался я...

— Вот прекрасно! — воскликнула Александра Павловна, — воображаю себе, как бы вы за мною ухаживали. Да вы бы меня с голоду уморили.

— Вы это потому так говорите, Александра Павловна, что не знаете меня. Вы думаете, что я чурбан, чурбан совершенный, деревяшка какая-то; а известно ли вам, что я способен таять, как сахар, дни простаивать на коленях?

— Вот это бы я, признаюсь, посмотрела!

Лежнев вдруг поднялся.

— Да выдьте за меня замуж, Александра Павловна, вы все это и увидите.

Александра Павловна покраснела до ушей.

— Что вы это такое сказали, Михайло Михайлыч? — повторила она с смущением.

— А то я сказал, — ответил Лежнев, — что уже давным-давно и тысячу раз у меня на языке было. Я проговорился, наконец, и вы можете поступить, как знаете. А чтобы не стеснять вас, я теперь выйду. Если вы хотите быть моей женою... Удаляюсь. Если вам не противно, вы только велите меня позвать: я уже пойму...

Александра Павловна хотела было удержать Лежнева, но он проворно ушел, без шапки отправился в сад, оперся на калитку и начал глядеть куда-то.

— Михайло Михайлыч! — раздался за ним голос горничной, — пожалуйте к барыне. Они вас велели позвать.

Михайло Михайлыч обернулся, взял горничную, к великому ее изумлению, обеими руками за голову, поцеловал ее в лоб и пошел к Александре Павловне.

XI

Вернувшись домой, тотчас после встречи с Лежневым, Рудин заперся в своей комнате и написал два письма: одно — к Волынцеву (оно уже известно читателям) и другое — к Наталье. Он очень долго сидел над этим вторым письмом, многое в нем перемарывал и переделывал и, тщательно списав его на тонком листе почтовой бумаги, сложил его как можно мельче и положил в карман. С грустью на лице прошелся он несколько раз взад и вперед по комнате, сел на кресло перед окном, подперся рукою; слеза тихо выступила на его ресницы... Он встал, застегнулся на все пуговицы, позвал человека и велел спросить у Дарьи Михайловны, может ли он ее видеть.

Человек скоро вернулся и доложил, что Дарья Михайловна приказала его просить. Рудин пошел к ней.

Она приняла его в кабинете, как в первый раз, два месяца тому назад. Но теперь она не была одна: у ней сидел Пандалевский, скромный, свежий, чистый и умиленный, как всегда.

Дарья Михайловна любезно встретила Рудина, и Рудин любезно ей поклонился, но при первом взгляде на улыбавшиеся лица обоих всякий хотя несколько опытный человек понял бы, что между ними если и не высказалось, то произошло что-то неладное. Рудин знал, что Дарья Михайловна на него сердится. Дарья Михайловна подозревала, что ему уже все известно.

Донесение Пандалевского очень ее расстроило. Светская спесь в ней зашевелилась. Рудин, бедный, нечиновный и пока неизвестный человек, дерзал назначить свидание ее дочери — дочери Дарьи Михайловны Ласунской!!

— Положим, он умен, он гений! — говорила она, — да

что же это доказывает? После этого всякий может надеяться быть моим зятем?

— Я долго глазам своим не верил, — подхватил Пандалевский. — Как это не знать своего места, удивляюсь!

Дарья Михайловна очень волновалась, и Наталье досталось от нее.

Она попросила Рудина сесть. Он сел, но уже не как прежний Рудин, почти хозяин в доме, даже не как хороший знакомый, а как гость, и не как близкий гость. Все это сделалось в одно мгновение... Так вода внезапно превращается в твердый лед.

— Я пришел к вам, Дарья Михайловна, — начал Рудин, — поблагодарить вас за ваше гостеприимство. Я получил сегодня известие из моей деревеньки и должен непременно сегодня же ехать туда.

Дарья Михайловна пристально посмотрела на Рудина.

"Он предупредил меня, должно быть догадывается, — подумала она. — Он избавляет меня от тягостного объяснения, тем лучше. Да здравствуют умные люди!"

— Неужели? — промолвила она громко. — Ах, как это неприятно! Ну, что делать! Надеюсь увидеть вас нынешней зимой в Москве. Мы сами скоро отсюда едем.

— Я не знаю, Дарья Михайловна, удастся ли мне быть в Москве; но если соберусь со средствами, за долг почту явиться к вам.

"Ага, брат! — подумал в свою очередь Пандалевский, — давно ли ты здесь распоряжался барином, а теперь вот как пришлось выражаться!"

— Вы, стало быть, неудовлетворительные известия из вашей деревни получили? — произнес он с обычной расстановкой.

— Да, — сухо возразил Рудин.

— Неурожай, может быть?

— Нет... другое... Поверьте, Дарья Михайловна, —

прибавил Рудин, — я никогда не забуду времени, проведенного мною в вашем доме.

— И я, Дмитрий Николаич, всегда с удовольствием буду вспоминать наше знакомство с вами... Когда вы едете?

— Сегодня, после обеда.

— Так скоро!.. Ну, желаю вам счастливого пути. Впрочем, если ваши дела не задержат вас, может быть вы еще нас застанете здесь.

— Я едва ли успею, — возразил Рудин и встал. — Извините меня, — прибавил он, — я не могу тотчас выплатить мой долг вам; но как только приеду в деревню...

— Полноте, Дмитрий Николаич! — перебила его Дарья Михайловна, — как вам не стыдно!.. Но который-то час? — спросила она.

Пандалевский достал из кармана жилета золотые часики с эмалью и посмотрел на них, осторожно налегая розовой щекой на твердый и белый воротничок.

— Два часа и тридцать три минуты, — промолвил он.

— Пора одеваться, — заметила Дарья Михайловна. — До свиданья, Дмитрий Николаич!

Рудин встал. Весь разговор между ним и Дарьей Михайловной носил особый отпечаток. Актеры так репетируют свои роли, дипломаты так на конференциях меняются заранее условленными фразами...

Рудин вышел. Он теперь знал по опыту, как светские люди даже не бросают, а просто роняют человека, ставшего им ненужным: как перчатку после бала, как бумажку с конфетки, как невыигравший билет лотереи-томболы.

Он наскоро уложился и с нетерпением начал ожидать мгновения отъезда. Все в доме очень удивились, узнав об его намерении; даже люди глядели на него с недоумением. Басистов не скрывал своей горести. Наталья явно избегала Рудина. Она старалась не встречаться с ним взорами; однако он успел всунуть ей в руку свое письмо. За обедом Дарья

Михайловна еще раз повторила, что надеется увидеть его перед отъездом в Москву, но Рудин ничего не отвечал ей. Пандалевский чаще всех с ним заговаривал. Рудина не раз подмывало броситься на него и поколотить его цветущее и румяное лицо. M-lle Boncourt частенько посматривала на Рудина с лукавым и странным выражением в глазах: у старых, очень умных легавых собак можно иногда заметить такое выражение... "Эге! — казалось, говорила она про себя, — вот как тебя!"

Наконец пробило шесть часов и подали тарантас Родина. Он стал торопливо прощаться со всеми. На душе у него было очень скверно. Не ожидал он, что так выедет из этого дома: его как будто выгоняли... "Как это все сделалось! и к чему было спешить? А впрочем, один конец", — вот что думал он, раскланиваясь на все стороны с принужденной улыбкой. В последний раз взглянул он на Наталью, и сердце его шевельнулось: глаза ее были устремлены на него с печальным, прощальным упреком.

Он проворно сбежал с лестницы, вскочил в тарантас. Басистов вызвался проводить его до первой станции и сел вместе с ним.

— Помните ли вы, — начал Рудин, как только тарантас выехал со двора на широкую дорогу, обсаженную елками, — помните вы, что говорит Дон-Кихот своему оруженосцу, когда выезжает из дворца герцогини? "Свобода, — говорит он, — друг мой Санчо, одно из самых драгоценных достояний человека, и счастлив тот, кому небо даровало кусок хлеба, кому не нужно быть за него обязанным другому!" Что Дон-Кихот чувствовал тогда, я чувствую теперь... Дай бог и вам, добрый мой Басистов, испытать когда-нибудь это чувство!

Батистов стиснул руку Рудину, и сердце честного юноши забилось сильно в его растроганной груди. До самой станции говорил Рудин о достоинстве человека, о значении истинной свободы, — говорил горячо, благородно и правдиво, — и когда наступило мгновение разлуки, Басистов не выдержал, бросился ему на шею и зарыдал. У самого Рудина полились слезы; но он плакал не о том, что расставался с Басистовым, и слезы его были самолюбивые слезы.

***

Наталья ушла к себе и прочла письмо Рудина.

"Любезная Наталья Алексеевна, — писал он ей, — я решился уехать. Мне другого выхода нет. Я решился уехать, пока мне не сказали ясно, чтобы я удалился. Отъездом моим прекращаются все недоразумения; а сожалеть обо мне едва ли кто-нибудь будет. Чего же ждать?.. Все так; но для чего же писать к вам?

Я расстаюсь с вами, вероятно, навсегда, и оставить вам о себе память еще хуже той, которую я заслуживаю, было бы слишком горько. Вот для чего я пишу к вам. Я не хочу ни оправдываться, ни обвинять кого бы то ни было, кроме самого себя: я хочу, по мере возможности, объясниться... Происшествия последних дней были так неожиданны, так внезапны...

Сегодняшнее свидание послужит мне памятным уроком. Да, вы правы: я вас не знал, а я думал, что знал вас! В течение моей жизни я имел дело с людьми всякого рода, я сближался со многими женщинами и девушками; но, встретясь с вами, я в первый раз встретился с душой совершенно честной и прямой. Мне это было не в привычку, и я не сумел оценить вас. Я почувствовал влечение к вам с первого дня нашего знакомства — вы это могли заметить. Я проводил с вами часы за часами, и я не узнал вас; я едва ли даже старался узнать вас... и я мог вообразить, что полюбил вас!! За этот грех я теперь наказан.

Я и прежде любил одну женщину, и она меня любила... Чувство мое к ней было сложно, как и ее ко мне; но так как она сама не была проста, оно и пришлось кстати. Истина мне тогда не сказалась: я не узнал ее и теперь, когда она предстала передо мною... Я ее узнал, наконец, да слишком поздно... Прошедшего не воротишь... Наши жизни могли бы слиться — и не сольются никогда. Как доказать вам, что я мог бы полюбить вас настоящей любовью — любовью сердца, не воображения, — когда я сам не знаю, способен ли я на такую любовь!

Мне природа дала много — я это знаю и из ложного стыда не стану скромничать перед вами, особенно теперь, в такие горькие, в такие постыдные для меня мгновения... Да, природа мне много дала; но я умру, не сделав ничего достойного сил моих, не оставив за собою никакого благотворного следа. Все мое богатство пропадет даром: я не увижу плодов от семян своих. Мне недостает... я сам не могу сказать, чего именно недостает мне... Мне недостает, вероятно, того, без чего так же нельзя двигать сердцами людей, как и овладеть женским сердцем; а господство над одними умами и непрочно и бесполезно. Странная, почти комическая моя судьба: я отдаюсь весь, с жадностью, вполне — и не могу отдаться. Я кончу тем, что пожертвую собой за какой-нибудь вздор, в который даже верить не буду... Боже мой! в тридцать пять лет все еще собираться что-нибудь сделать!..

Я еще ни перед кем так не высказывался — это моя исповедь.

Но довольно обо мне. Мне хочется говорить о вас, дать вам несколько советов: больше я ни на что не годен ... Вы еще молоды; но, сколько бы вы ни жили, следуйте всегда внушениям вашего сердца, не подчиняйтесь ни своему, ни чужому уму. Поверьте, чем проще, чем теснее круг, по которому пробегает жизнь, тем лучше; не в том дело, чтобы отыскивать в ней новые стороны, но в том, чтобы все переходы ее совершались своевременно. "Блажен, кто смолоду был молод..." Но я замечаю, что эти советы относятся гораздо более ко мне, чем к вам.

Признаюсь вам, Наталья Алексеевна, мне очень тяжело. Я никогда не обманывал себя в свойстве того чувства, которое я внушал Дарье Михайловне; но я надеялся, что нашел хотя временную пристань... Теперь опять придется мыкаться по свету. Что мне заменит ваш разговор, ваше присутствие, ваш внимательный и умный взгляд?.. Я сам виноват; но согласитесь, что судьба как бы нарочно подсмеялась над нами. Неделю тому назад я сам едва догадывался, что люблю вас. Третьего дня, вечером, в саду, я в первый раз услыхал от вас... но к чему напоминать вам то, что вы тогда сказали — и вот уже я уезжаю сегодня, уезжаю с позором, после жестокого объяснения с вами, не унося с собой никакой надежды... И вы еще не знаете, до какой степени я виноват перед вами... Во мне есть какая-то глупая откровенность, какая-то болтливость... Но к чему говорить об этом! Я уезжаю навсегда.

(Здесь Рудин рассказал было Наталье свое посещение у Волынцева, но подумал и вымарал все это место, а в письме к Волынцеву прибавил второй post-scriptum.)

Я остаюсь одинок на земле для того, чтобы предаться, как вы сказали мне сегодня поутру с жестокой усмешкой, другим, более свойственным мне занятиям. Увы! если б я мог действительно предаться этим занятиям, победить, наконец, свою лень... Но нет! я останусь тем же неоконченным существом, каким был до сих пор... Первое препятствие — и я весь рассыпался; происшествие с вами мне это доказало. Если б я по крайней мене принес мою любовь в жертву моему будущему делу, моему призванию; но я просто испугался ответственности, которая на меня падала, и потому я точно недостоин вас. Я не стою того, чтобы вы для меня отторглись от вашей сферы... А впрочем, все это, может быть, к лучшему. Из этого испытания я, может быть, выйду чище и сильней.

Желаю вам полного счастия. Прощайте! Иногда вспоминайте обо мне. Надеюсь, что вы еще услышите обо мне.

Рудин".

Наталья опустила письмо Рудина к себе на колени и долго сидела неподвижно, устремив глаза на пол. Письмо это, яснее всех возможных доводов, доказало ей, как она была права, когда поутру, расставаясь с Рудиным, она невольно воскликнула, что он ее не любит! Но от этого ей не было легче. Она сидела не шевелясь; ей казалось, что какие-то темные волны без плеска сомкнулись над ее головой и она шла ко дну, застывая и немея. Всякому тяжело первое разочарование; но для души искренней, не желавшей обманывать себя, чуждой легкомыслия и преувеличения, оно почти нестерпимо. Вспомнила Наталья свое детство, когда, бывало, гуляя вечером, она всегда старалась идти по направлению к светлому краю неба, там, где заря горела, а не к темному. Темна стояла теперь жизнь перед нею, и спиной она обратилась к свету...

Слезы навернулись на глазах Натальи. Не всегда благотворны бывают слезы. Отрадны и целебны они, когда, долго накипев в груди, потекут они, наконец, — сперва с усилием, потом все легче, все слаще; немое томление тоски разрешается ими... Но есть слезы холодные, скупо льющиеся слезы: их по капле выдавливает из сердца тяжелым и недвижным бременем налегшее на него горе; они безотрадны и не приносят облегчения. Нужда плачет такими слезами, и тот еще не был несчастлив, кто не проливал их. Наталья узнала их в этот день.

Прошло часа два. Наталья собралась с духом, встала, отерла глаза, засветила свечку, сожгла на ее пламени письмо Рудина до конца и пепел выкинула за окно. Потом она раскрыла наудачу Пушкина и прочла первые попавшиеся ей строки (она часто загадывала так по нем). Вот что ей вышло:

Кто чувствовал, того тревожит
Призрак невозвратимых дней...
Тому уж нет очарований,
Того змея воспоминаний,
Того раскаянье грызет...

Она постояла, посмотрела с холодной улыбкой на себя в зеркало и, сделав небольшое движение головою сверху вниз, сошла в гостиную.

Дарья Михайловна, как только ее увидела, повела ее в кабинет, посадила подле себя, ласково потрепала по щеке, а между тем внимательно, почти с любопытством, заглядывала ей в глаза. Дарья Михайловна чувствовала тайное недоумение: в первый раз ей пришло в голову, что она дочь свою в сущности не знает. Услышав от Пандалевского об ее свидании с Рудиным, она не столько рассердилась, сколько удивилась тому, как могла благоразумная Наталья решиться на такой поступок. Но когда она ее призвала к себе и принялась бранить ее — вовсе не так, как бы следовало ожидать от европейской женщины, а довольно крикливо и неизящно, — твердые ответы Натальи, решимость ее взоров и движений смутили, даже испугали Дарью Михайловну.

Внезапный, тоже не совсем понятный отъезд Рудина снял большую тяжесть с ее сердца; но она ожидала слез, истерических припадков... Наружное спокойствие Натальи опять ее сбило с толку.

— Ну, что, дитя, — начала Дарья Михайловна, — как ты сегодня?

Наталья посмотрела на мать свою.

— Ведь он уехал... твой предмет. Ты не знаешь, отчего он так скоро собрался?

— Маменька! — заговорила Наталья тихим голосом, — даю вам слово, что если вы сами не будете упоминать о нем, от меня вы никогда ничего не услышите.

— Стало быть, ты сознаешься, что была виновата передо мною?

Наталья опустила голову и повторила:

— Вы от меня никогда ничего не услышите.

— Ну, смотри же! — возразила с улыбкой Дарья Михайловна. — Я тебе верю. А третьего дня, помнишь ли ты, как... Ну, не буду. Кончено, решено и похоронено. Не правда ли? Вот я опять тебя узнаю; а то я совсем было в тупик пришла. Ну, поцелуй же меня, моя умница!..

Наталья поднесла руку Дарьи Михайловны к своим губам, а Дарья Михайловна поцеловала ее в наклоненную голову.

— Слушайся всегда моих советов, не забывай, что ты Ласунская и моя дочь, — прибавила она, — и ты будешь счастлива. А теперь ступай.

Наталья вышла молча. Дарья Михайловна поглядела ей вслед и подумала: "Она в меня — тоже будет увлекаться: mais elle aura moins d'abandon"[28]. И Дарья Михайловна погрузилась в воспоминания о прошедшем ... о давно прошедшем...

Потом она велела кликнуть m-lle Boncourt и долго сидела с ней, запершись вдвоем. Отпустив ее, она позвала Пандалевского. Ей непременно хотелось узнать настоящую причину отъезда Рудина... но Пандалевский ее успокоил совершенно. Это было по его части.

_____

[28] но она будет менее опрометчива (франц.).

На другой день Волынцев с сестрою приехал к обеду. Дарья Михайловна была всегда очень любезна с ним, а на этот раз она особенно ласково с ним обращалась. Наталье было невыносимо тяжело; но Волынцев так был почтителен, так робко с ней заговаривал, что она в душе не могла не поблагодарить его.

День прошел тихо, довольно скучно, но все, разъезжаясь, почувствовали, что попали в прежнюю колею; а это много значит, очень много.

Да, все попали в прежнюю колею... все, кроме Натальи. Оставшись, наконец, одна, она с трудом дотащилась до своей кровати и, усталая, разбитая, упала лицом на подушки. Ей так горько, и противно, и пошло казалось жить, так стыдно ей стало самой себя, своей любви, своей печали, что в это мгновение она бы, вероятно, согласилась умереть... Много еще предстояло ей тяжелых дней, ночей бессонных, томительных волнений; но она была молода — жизнь только что начиналась для нее, а жизнь рано или поздно свое возьмет. Какой бы удар ни поразил человека, он в тот же день, много на другой — извините за грубость выражения — поест, и вот вам уже первое утешение...

Наталья страдала мучительно, она страдала впервые... Но первые страдания, как первая любовь, не повторяются — и слава богу!

XII

Минуло около двух лет. Настали первые дни мая. На балконе своего дома сидела Александра Павловна, но уже не

Липина, а Лежнева; она более года как вышла замуж за Михайла Михайлыча. Она по-прежнему была мила, только пополнела в последнее время. Перед балконом, от которого в сад вели ступени, расхаживала кормилица с краснощеким ребенком на руках, в белой шинельке и с белым помпоном на шляпе. Александра Павловна то и дело взглядывала на него. Ребенок не пищал, с важностью сосал свой палец и спокойно посматривал кругом. Достойный сын Михайла Михайлыча уже сказывался в нем.

Возле Александры Павловны сидел на балконе старый наш знакомец, Пигасов. Он заметно поседел с тех пор, как мы расстались с ним, сгорбился, похудел и шипел, когда говорил: один передний зуб у него вывалился; шипение придавало еще более ядовитости его речам... Озлобление не уменьшалось в нем с годами, но остроты его притуплялись, и он чаще прежнего повторялся. Михайла Михайлыча не было дома; его ждали к чаю. Солнце уже село. Там, где оно закатилось, полоса бледно-золотого, лимонного цвела тянулась вдоль небосклона; на противоположной стороне их было две: одна, пониже, голубая, другая, выше, красно-лиловая. Легкие тучки таяли в вышине. Все обещало постоянную погоду.

Вдруг Пигасов засмеялся.

— Чему вы, Африкан Семеныч? — спросила Александра Павловна.

— Да так... Вчера, слышу я, один мужик говорит жене — а она, этак, разболталась: "Не скрыпи!.." Очень это мне понравилось. Не скрыпи! Да и в самом деле, о чем может рассуждать женщина? Я, вы знаете, никогда не говорю о присутствующих. Наши старики умнее нас были. У них в сказках красавица сидит под окном, во лбу звезда, а сама ни гугу. Вот это как следует. А то, посудите сами: третьего дня наша предводительша как из пистолета мне в лоб выстрелила; говорит мне, что ей не нравится моя тенденция! Тенденция!

Ну, не лучше ли было и для нее и для всех, если б каким-нибудь благодетельным распоряжением природы она лишилась вдруг употребления языка?

— А вы все такой же, Африкан Семеныч: все нападаете на нас, бедных... Знаете ли, ведь это в своем роде несчастье, право. Я о вас сожалею.

— Несчастье? Что вы это изволите говорить! Во-первых, по-моему, на свете только три несчастья и есть: жить зимой в холодной квартире, летом носить узкие сапоги да ночевать в комнате, где пищит ребенок, которого нельзя посыпать персидским порошком; а во-вторых, помилуйте, я самый смирный стал теперь человек. Хоть прописи с меня пиши! Вот как я нравственно веду себя.

— Хорошо вы ведете себя, нечего сказать! Не дальше как вчера Елена Антоновна мне на вас жаловалась.

— Вот как-с! А что она вам такое говорила, позвольте узнать?

— Она говорила мне, что вы в течение целого утра на все ее вопросы только и отвечали, что "чего-с? чего-с?" да еще таким писклявым голосом.

Пигасов засмеялся.

— А ведь хорошая эта была мысль, согласитесь, Александра Павловна... а?

— Удивительная! Разве можно быть этак с женщиной невежливым, Африкан Семеныч?

— Как? Елена Антоновна, по-вашему, женщина?

— Что же она, по-вашему?

— Барабан, помилуйте, обыкновенный барабан, вот по которому бьют палками...

— Ах, да! — перебила Александра Павловна, желая переменить разговор, — вас, говорят, поздравить можно?

— С чем?

— С окончанием тяжбы. Глиновские луга остались за вами...

— Да, за мною, — мрачно возразил Пигасов.

— Вы столько лет этого добивались, а теперь словно недовольны.

— Доложу вам, Александра Павловна, — медленно промолвил Пигасов, — ничего не может быть хуже и обиднее слишком поздно пришедшего счастья. Удовольствия оно все-таки вам доставить не может, а зато лишает вас права, драгоценнейшего права — браниться и проклинать судьбу. Да, сударыня, горькая и обидная штука — позднее счастие.

Александра Павловна только плечами пожала.

— Нянюшка, — начала она, — я думаю, Мише пора спать лечь. Подай его сюда.

И Александра Павловна занялась своим сыном, а Пигасов отошел, ворча, на другой угол балкона.

Вдруг невдалеке, по дороге, идущей вдоль сада, показался Михайло Михайлыч на своих беговых дрожках. Перед лошадью его бежали две огромные дворные собаки: одна желтая, другая серая; он недавно завел их. Они беспрестанно грызлись и жили в неразлучной дружбе. Им навстречу вышла из ворот старая шавка, раскрыла рот, как бы собираясь залаять, а кончила тем, что зевнула и отправилась назад, дружелюбно повиливая хвостом.

— Глядь-ка, Саша, — закричал Лежнев издали своей жене, — кого я тебе везу...

Александра Павловна не сразу узнала человека, сидевшего за спиной ее мужа.

— А! господин Басистов! — воскликнула она наконец.

— Он, он, — отвечал Лежнев, — и какие славные вести привез. Вот погоди, сейчас узнаешь.

И он въехал на двор.

Несколько мгновений спустя он с Басистовым явился на балконе.

— Ура!— воскликнул он и обнял жену. — Сережа женится!

— На ком? — с волнением спросила Александра Павловна.

— Разумеется, на Наталье... Вот приятель привез это известие из Москвы, и письмо к тебе есть... Слышишь, Мишук? — прибавил он, схватив сына на руки, — дядя твой женится!.. Экая флегма злодейская! и тут только глазами хлопает!

— Они спать хотят, — заметила няня.

— Да-с, — промолвил Басистов, подойдя к Александре Павловне, — я сегодня приехал из Москвы, по поручению Дарьи Михайловны — счеты по имению ревизовать. А вот и письмо.

Александра Павловна поспешно распечатала письмо своего брата. Оно состояло в нескольких строках. В первом порыве радости он уведомлял сестру, что сделал предложение Наталье, получил ее согласие и Дарьи Михайловны, обещался больше написать с первой почтой и заочно всех обнимал и целовал. Видно было, что он писал в каком-то чаду.

Подали чай, усадили Басистова. Расспросы посыпались на него градом. Всех, даже Пигасова, обрадовало известие, привезенное им.

— Скажите, пожалуйста, — сказал между прочим Лежнев, — до нас доходили слухи о каком-то господине Корчагине. Стало быть, это был вздор?

(Корчагин был красивый молодой человек — светский лев, чрезвычайно надутый и важный: он держался необыкновенно величественно, точно он был не живой человек, а собственная своя статуя, воздвигнутая по общественной подписке.)

— Ну, нет, не совсем вздор, — с улыбкой возразил Басистов. — Дарья Михайловна очень к нему благоволила; но Наталья Алексеевна и слышать о нем не хотела.

— Да ведь я его знаю, — подхватил Пигасов, — ведь он

махровый болван, с треском болван... помилуйте! Ведь если б все люди были на него похожи, надо бы большие деньги брать, чтобы согласиться жить... помилуйте!

— Может быть, — возразил Басистов, — а в свете он играет роль не из последних.

— Ну, все равно! — воскликнула Александра Павловна, — бог с ним! Ах, как я рада за брата!.. И Наталья весела, счастлива?

— Да-с. Она спокойна, как всегда, — вы ведь ее знаете, — но, кажется, довольна.

Вечер прошел в приятных и оживленных разговорах. Сели за ужин.

— Да, кстати, — спросил Лежнев у Басистова, наливая ему лафиту, — вы знаете, где Рудин?

— Теперь наверное не знаю. Он приезжал прошлой зимой в Москву на короткое время, потом отправился с одним семейством в Симбирск; мы с ним некоторое время переписывались: в последнем письме своем он извещал меня, что уезжает из Симбирска — не сказал куда, — и вот с тех пор я ничего о нем не слышу.

— Не пропадет!— подхватил — Пигасов, — где-нибудь сидит да проповедует. Этот господин всегда найдет себе двух или трех поклонников, которые будут его слушать разиня рот и давать ему взаймы деньги. Посмотрите, он кончит тем, что умрет где-нибудь в Царевококшайске или в Чухломе — на руках престарелой девы в парике, которая будет думать о нем как о гениальнейшем человеке в мире...

— Вы очень резко о нем отзываетесь, — заметил вполголоса и с неудовольствием Басистов.

— Ничуть не резко! — возразил Пигасов, — а совершенно справедливо. По моему мнению, он просто не что иное, как лизоблюд. Я забыл вам сказать, — продолжал он, обращаясь к Лежневу, — ведь я познакомился с этим Терлаховым, с которым Рудин за границу ездил. Как же! как же! Что он мне рассказывал о нем, вы себе представить не можете — умора просто! Замечательно, что все друзья и последователи Рудина со временем становятся его врагами.

— Прошу меня исключить из числа таких друзей! — с жаром перебил Басистов.

— Ну, вы — другое дело! О вас и речи нет.

— А что такое вам рассказывал Терлахов? — спросила Александра Павловна.

— Да многое рассказывал: всего не упомнишь. Но самый лучший вот какой случился с Рудиным анекдот. Беспрерывно развиваясь (эти господа все развиваются; другие, например, просто спят или едят, — а они находятся в моменте развития спанья или еды; не так ли господин Басистов? — Басистов ничего не ответил)... Итак, развиваясь постоянно, Рудин дошел путем философии до того умозаключения, что ему должно влюбиться. Начал он отыскивать предмет, достойный такого удивительного умозаключения. Фортуна ему улыбнулась. Познакомился он с одной француженкой, прехорошенькой модисткой. Дело происходило в одном немецком городе, на Рейне, заметьте. Начал он ходить к ней, носить ей разные книги, говорить ей о природе и Гегеле. Можете себе представить положение модистки? Она считала его за астронома. Однако, вы знаете, малый он из себя ничего; ну — иностранец, русский — понравился. Вот, наконец, назначает он свидание, и очень поэтическое свидание: в гондоле на реке. Француженка согласилась: приоделась получше и поехала с ним в гондоле. Так они катались часа два. Чем же, вы думаете, занимался он все это время? Гладил француженку по голове, задумчиво глядел в небо и несколько раз повторил, что чувствует к ней отеческую нежность. Француженка вернулась домой взбешенная, и сама потом все рассказала Терлахову. Вот он какой господин!

И Пигасов засмеялся.

— Вы старый циник!— заметила с досадой Александра Павловна, — а я более и более убеждаюсь в том, что про Рудина даже те, которые его бранят, ничего дурного сказать не могут.

— Ничего дурного? Помилуйте! а его вечное житье на чужой счет, его займы... Михайло Михайлыч! ведь он и у вас, наверное, занимал?

— Послушайте, Африкан Семеныч!— начал Лежнев, и лицо его приняло серьезное выражение, — послушайте: вы знаете, и жена моя знает, что я в последнее время особенного расположения к Рудину не чувствовал и даже часто осуждал его. Со всем тем (Лежнев разлил шампанское по бокалам) вот что я вам предлагаю: мы сейчас пили за здоровье дорогого нашего брата и его невесты; я предлагаю вам выпить теперь за здоровье Дмитрия Рудина!

Александра Павловна и Пигасов с изумлением посмотрели на Лежнева, а Басистов встрепенулся весь, покраснел от радости и глаза вытаращил.

— Я знаю его хорошо, — продолжал Лежнев, — недостатки его мне хорошо известны. Они тем более выступают наружу, что сам он не мелкий человек.

— Рудин — гениальная натура! — подхватил Басистов.

— Гениальность в нем, пожалуй, есть, — возразил Лежнев, — а натура... В том-то вся его беда, что натуры-то, собственно, в нем нет... Но не в этом дело. Я хочу говорить о том, что в нем есть хорошего, редкого. В нем есть энтузиазм; а это, поверьте мне, флегматическому человеку, самое драгоценное качество в наше время. Мы все стали невыносимо рассудительны, равнодушны и вялы; мы заснули, мы застыли, и спасибо тому, кто хоть на миг нас расшевелит и согреет! Пора! Помнишь, Саша, я раз говорил с тобой о нем и упрекал его в холодности. Я был и прав и неправ тогда. Холодность эта у него в крови — это не его вина, — а не в голове. Он не актер, как я называл его, не надувало, не плут;

он живет на чужой счет не как проныра, а как ребенок... Да, он действительно умрет где-нибудь в нищете и в бедности; но неужели ж и за это пускать в него камнем? Он не сделает сам ничего именно потому, что в нем натуры, крови нет; но кто вправе сказать, что он не принесет, не принес уже пользы? что его слова не заронили много добрых семян в молодые души, которым природа не отказала, как ему, в силе деятельности, в умении исполнять собственные замыслы? Да я сам, я первый, все это испытал на себе... Саша знает, чем был для меня в молодости Рудин. Я, помнится, также утверждал, что слова Рудина не могут действовать на людей; но я говорил тогда о людях, подобных мне, в теперешние мои годы, о людях, уже поживших и поломанных жизнью. Один фальшивый звук в речи — и вся ее гармония для нас исчезла; а в молодом человеке, к счастью, слух еще не так развит, не так избалован. Если сущность того, что он слышит, ему кажется прекрасной, что ему за дело до тона! Тон он сам в себе найдет.

— Браво! браво!— воскликнул Басистов, — как это справедливо сказано! А что касается до влияния Рудина, клянусь вам, этот человек не только умел потрясти тебя, он с места тебя сдвигал, он не давал тебе останавливаться, он до основания переворачивал, зажигал тебя!

— Вы слышите? — продолжал Лежнев, обращаясь к Пигасову, — какого вам еще доказательства нужно? Вы нападаете на философию; говоря о ней, вы не находите довольно презрительных слов. Я сам ее не больно жалую и плохо ее понимаю: но не от философии наши главные невзгоды! Философические хитросплетения и бредни никогда не привьются к русскому: на это у него слишком много здравого смысла; но нельзя же допустить, чтобы под именем философии нападали на всякое честное стремление к истине и к сознанию. Несчастье Рудина состоит в том, что он России не знает, и это точно большое несчастье. Россия без каждого из нас обойтись может, но никто из нас без нее не может обойтись. Горе тому, кто это думает, двойное горе тому, кто действительно без нее обходится! Космополитизм — чепуха, космополит — нуль, хуже нуля; вне народности ни художества, ни истины, ни жизни, ничего нет. Без физиономии нет даже идеального лица; только пошлое лицо возможно без физиономии. Но опять-таки скажу, это не вина Рудина: это его судьба, судьба горькая и тяжелая, за которую мы-то уж винить его не станем. Нас бы очень далеко повело, если бы мы хотели разобрать, отчего у нас являются Рудины. А за то, что в нем есть хорошего, будем же ему благодарны. Это легче, чем быть несправедливым к нему, а мы были к нему несправедливы. Наказывать его не наше дело, да и не нужно: он сам себя наказал гораздо жесточе, чем заслуживал... И дай бог, чтобы несчастье вытравило из него все дурное и оставило одно прекрасное в нем! Пью за здоровье Рудина! Пью за здоровье товарища моих лучших годов, пью за молодость, за ее надежды, за ее стремления, за ее доверчивость и честность, за все то, от чего и в двадцать лет бились наши сердца, и лучше чего мы все-таки ничего не узнали и не узнаем в жизни... Пью за тебя, золотое время, пью за здоровье Рудина!

Все чокнулись с Лежневым. Басистов сгоряча чуть не разбил своего стакана и осушил его разом, а Александра Павловна пожала Лежневу руку.

— Я, Михайло Михайлыч, и не подозревал, что вы так красноречивы, — заметил Пигасов, — хоть бы самому господину Рудину подстать; даже меня проняло.

— Я вовсе не красноречив, — возразил Лежнев не без досады, — а вас, я думаю, пронять мудрено. Впрочем, довольно о Рудине; давайте говорить о чем-нибудь другом... Что... как бишь его?.. Пандалевский все у Дарьи Михайловны живет? — прибавил он, обратясь к Басистову.

— Как же, все у ней! Она выхлопотала ему очень выгодное место.

Лежнев усмехнулся.

— Вот этот не умрет в нищете, за это можно поручиться.

Ужин кончился. Гости разошлись. Оставшись наедине с своим мужем, Александра Павловна с улыбкой посмотрела ему в лицо.

— Как ты хорош был сегодня, Миша! — промолвила она, лаская его рукою по лбу, — как ты умно и благородно говорил! Но сознайся, что ты немного увлекся в пользу Рудина, как прежде увлекался против него..

— Лежачего не бьют... а я тогда боялся, как бы он тебе голову не вскружил.

— Нет, — простодушно возразила Александра Павловна, — он мне казался всегда слишком ученым, я боялась его и не знала, что говорить в его присутствии. А ведь Пигасов довольно зло подсмеялся над ним сегодня, сознайся?

— Пигасов? — проговорил Лежнев. — Я оттого именно и заступился так горячо за Рудина, что Пигасов был тут. Он смеет называть Рудина лизоблюдом! А по-моему, его роль, роль Пигасова, во сто раз хуже. Имеет независимое состояние, надо всем издевается, а уж как льнет к знатным да к богатым! Знаешь ли, что этот Пигасов, который с таким озлоблением все и всех ругает, и на философию нападает, и на женщин, — знаешь ли ты, что он, когда служил, брал взятки, и как еще! А! Вот то-то вот и есть!

— Неужели? — воскликнула Александра Павловна. — Этого я никак не ожидала!.. Послушай, Миша, — прибавила она, помолчав немного, — что я хочу у тебя спросить...

— Что?

— Как ты думаешь, будет ли брат счастлив с Натальей?

— Как тебе сказать... вероятности все есть... Командовать будет она — между нами таить это не для чего, — она умней его; но он славный человек и любит ее от души. Чего же

128

больше? Ведь вот мы друг друга любим и счастливы, не правда ли?

Александра Павловна улыбнулась и стиснула руку Михайле Михайлычу.

***

В тот самый день, когда все, рассказанное нами, происходило в доме Александры Павловны, — в одной из отдаленных губерний России тащилась, в самый зной, по большой дороге, плохенькая рогожная кибитка, запряженная тройкой обывательских лошадей. На облучке торчал, упираясь искоса ногами в валек, седой мужичок в дырявом армяке и то и дело подергивал веревочными вожжами и помахивал кнутиком; а в самой кибитке сидел, на тощем чемодане, человек высокого роста в фуражке и старом запыленном плаще. То был Рудин. Он сидел понурив голову и нахлобучив козырек фуражки на глаза. Неровные толчки кибитки бросали его с стороны на сторону, он казался совершенно бесчувственным, словно дремал. Наконец он выпрямился.

— Когда же это мы до станции доедем? — спросил он мужика, сидевшего на облучке.

— А вот, батюшка, — заговорил мужик и еще сильнее задергал вожжами, — как на взволочек взберемся, версты две останется, не боле... Ну, ты! думай... Я тебе подумаю, — прибавил он тоненьким голосом, принимаясь стегать правую пристяжную.

— Ты, кажется, очень плохо едешь, — заметил Рудин, — мы с самого утра тащимся и никак доехать не можем. Ты бы хоть спел что-нибудь.

— Да что будешь делать, батюшка! Лошади, вы сами

видите, заморенные... опять жара. А петь мы не можем: мы не ямщики... Барашек, а барашек! — воскликнул вдруг мужичок, обращаясь к прохожему в бурой свитчонке и стоптанных лаптишках, — посторонись, барашек.

— Вишь ты... кучер! — пробормотал ему вслед прохожий и остановился. — Московская косточка! — прибавил он голосом, исполненным укоризны, тряхнул головой и заковылял далее.

— Куда ты! — подхватил мужичок с расстановкой, дергая коренную, — ах ты, лукавая! право, лукавая...

Измученные лошаденки кое-как доплелись, наконец, до почтового двора. Рудин вылез из кибитки, расплатился с мужиком (который ему не поклонился и деньги долго пошвыривал на ладони — знать, на водку мало досталось) и сам внес чемодан в станционную комнату.

Один мой знакомый, много показавшийся на своем веку по России, сделал замечание, что если в станционной комнате на стенах висят картинки, изображающие сцены из "Кавказского пленника" или русских генералов, то лошадей скоро достать можно; но если на картинках представлена жизнь известного игрока Жоржа де Жермани, то путешественнику нечего надеяться на быстрый отъезд: успеет он налюбоваться на закрученный кок, белый раскидной жилет и чрезвычайно узкие и короткие панталоны игрока в молодости, на его исступленную физиономию, когда он, будучи уже старцем, убивает, высоко взмахнув стулом, в хижине с крутою крышей, своего сына. В комнате, куда вошел Рудин, висели именно эти картины из "Тридцати лет, или Жизни игрока". На крик его явился смотритель, заспанный (кстати — видел ли кто-нибудь смотрителя не заспанного?), и, не выждав даже вопроса Рудина, вялым голосом объявил, что лошадей нет.

— Как же вы говорите, что лошадей нет, — промолвил

Рудин, — а даже не знаете, куда я иду? Я сюда на обывательских приехал.

— У нас никуда лошадей нет, — отвечал смотритель. — А вы куда едете?

— В ...ск.

— Нет лошадей, — повторил смотритель и вышел вон.

Рудин с досадой приблизился к окну и бросил фуражку на стол. Он не много изменился, но пожелтел в последние два года; серебряные нити заблистали кой-где в кудрях, и глаза, все еще прекрасные, как будто потускнели; мелкие морщины, следы горьких и тревожных чувств, легли около губ, на щеках, на висках.

Платье на нем было изношенное и старое, и белья не виднелось нигде. Пора его цветения, видимо, прошла: он, как выражаются садовники, пошел в семя.

Он принялся читать надписи по стенам... известное развлечение скучающих путешественников... вдруг дверь заскрипела, и вошел смотритель.

— Лошадей в ...ск нет и долго еще не будет, — заговорил он, — а вот в ...ов есть обратные.

— В ...ов? — промолвил Рудин. — Да помилуйте! это мне совсем не по дороге. Я еду в Пензу, а ...ов лежит, кажется, в направлении к Тамбову.

— Что ж? вы из Тамбова можете тогда проехать, а не то из ...ова как-нибудь свернете.

Рудин подумал.

— Ну, пожалуй, — проговорил он наконец, — велите закладывать лошадей. Мне все равно; поеду в Тамбов.

Лошадей скоро подали. Рудин вынес свой чемоданчик, вылез на телегу, сел, понурился попрежнему. Было что-то беспомощное и грустно-покорное в его нагнутой фигуре... И тройка поплелась неторопливой рысью, отрывисто позвякивая бубенчиками.

ЭПИЛОГ

Прошло еще несколько лет.

Был осенний холодный день. К крыльцу главной гостиницы губернского города С...а подъехала дорожная коляска; из нее, слегка потягиваясь и покряхтывая, вылез господин, еще не пожилой, но уже успевший приобресть ту полноту в туловище, которую привыкли называть почтенной. Поднявшись по лестнице во второй этаж, он остановился у входа в широкий коридор и, не видя никого перед собою, громким голосом спросил себе нумер. Дверь где-то стукнула, из-за низких ширмочек выскочил длинный лакей и пошел вперед проворной, боковой походкой, мелькая в полутьме коридора глянцевитой спиной и подвороченными рукавами. Войдя в нумер, проезжий тотчас сбросил с себя шинель и шарф, сел на диван и, опершись в колени кулаками, сперва поглядел кругом, как бы спросонья, потом велел позвать своего слугу. Лакей сделал уклончивое движение и исчез. Проезжий этот был не кто иной, как Лежнев. Рекрутский набор вызвал его из деревни в С...

Слуга Лежнева, малый молодой, курчавый и краснощекий, в серой шинели, подпоясанной голубым кушачком, и мягких валенках, вошел в комнату.

— Ну вот, брат, мы и доехали, — промолвил Лежнев, — а ты все боялся, что шина с колеса соскочит.

— Доехали! — возразил слуга, силясь улыбнуться через поднятый воротник шинели, — а уж отчего эта шина не соскочила...

— Никого здесь нет? — раздался голос в коридоре.

Лежнев вздрогнул и стал прислушиваться.

— Эй! кто там? — повторил голос.

Лежнев встал, подошел к двери и быстро отворил ее.

Перед ним стоял человек высокого роста, почти совсем

седой и сгорбленный, в старом плисовом сюртуке с бронзовыми пуговицами. Лежнев узнал его тотчас.

— Рудин! — воскликнул он с волнением.

Рудин обернулся. Он не мог разобрать черты Лежнева, стоявшего к свету спиною, и с недоумением глядел на него.

— Вы меня не узнаете? — заговорил Лежнев.

— Михайло Михайлыч!— воскликнул Рудин и протянул руку, но смутился и отвел ее было назад...

Лежнев поспешно ухватился за нее своими обеими.

— Войдите, войдите ко мне! — сказал он Рудину и ввел его в нумер.

— Как вы изменились! — произнес Лежнев, помолчав и невольно понизив голос.

— Да, говорят! — возразил Рудин, блуждая по комнате взором. — Года... А вот вы — ничего. Как здоровье Александры... вашей супруги?

— Благодарствуйте, хорошо. Но какими судьбами вы здесь?

— Я? Это долго рассказывать. Собственно, сюда я зашел случайно. Я искал одного знакомого. Впрочем, я очень рад...

— Где вы обедаете?

— Я? Не знаю. Где-нибудь в трактире. Я должен сегодня же выехать отсюда.

— Должны?

Рудин значительно усмехнулся.

— Да-с, должен. Меня отправляют к себе в деревню на жительство.

— Пообедайте со мной.

Рудин в первый раз взглянул прямо в глаза Лежневу.

— Вы мне предлагаете с собой обедать? — проговорил он.

— Да, Рудин, по-старинному, по-товарищески. Хотите? Не ожидал я вас встретить, и бог знает, когда мы увидимся опять. Не расстаться же нам с вами так!

— Извольте, я согласен.

Лежнев пожал Рудину руку, кликнул слугу, заказал обед и велел поставить в лед бутылку шампанского.

***

В течение обеда Лежнев и Рудин, как бы сговорившись, все толковали о студенческом своем времени, припоминали многое и многих — мертвых и живых. Сперва Рудин говорил неохотно, но он выпил несколько рюмок вина, и кровь в нем разгорелась. Наконец лакей вынес последнее блюдо. Лежнев встал, запер дверь и, вернувшись к столу, сел прямо напротив Рудина и тихонько оперся подбородком на обе руки.

— Ну, теперь, — начал он, — рассказывайте-ка мне все, что с вами случилось с тех пор, как я вас не видал.

Рудин посмотрел на Лежнева.

"Боже мой! — подумал опять Лежнев, — как он изменился, бедняк!"

Черты Рудина изменились мало, особенно с тех пор, как мы видели его на станции, хотя печать приближающейся старости уже успела лечь на них; но выражение их стало другое. Иначе глядели глаза; во всем существе его, в движениях, то замедленных, то бессвязно порывистых, в похолодевшей, как бы разбитой речи высказывалась усталость окончательная, тайная и тихая скорбь, далеко различная от той полупритворной грусти, которою он щеголял, бывало, как вообще щеголяет ею молодежь, исполненная надежд и доверчивого самолюбия.

— Рассказать вам все, что со мною случилось? — заговорил он. — Всего рассказать нельзя и не стоит... Маялся я много, скитался не одним телом — душой скитался. В чем и в ком я не разочаровался, бог мой! с кем не сближался! Да, с кем! — повторил Рудин, заметив, что Лежнев с каким-то особенным участием посмотрел ему в лицо. — Сколько раз мои собственные слова становились мне противными — не говорю уже в моих устах, но и в устах людей, разделявших мои мнения! Сколько раз переходил я от раздражительности ребенка к тупой бесчувственности лошади, которая уже и хвостом не дрыгает, когда ее сечет кнут... Сколько раз я радовался, надеялся, враждовал и унижался напрасно! Сколько раз вылетал соколом — и возвращался ползком, как улитка, у которой раздавили раковину!.. Где не бывал я, по каким дорогам не ходил!.. А дороги бывают грязные, — прибавил Рудин и слегка отвернулся. — Вы знаете... — продолжал он...

— Послушайте, — перебил его Лежнев, — мы когда-то говорили "ты" друг другу... Хочешь? возобновим старину... Выпьем на ты!

Рудин встрепенулся, приподнялся, а в глазах его промелькнуло что-то, чего слово выразить не может.

— Выпьем, — сказал он, — спасибо тебе, брат, выпьем.

Лежнев и Рудин выпили по бокалу.

— Ты знаешь, — начал опять, с ударением на слове "ты" и с улыбкою, Рудин, — во мне сидит какой-то червь, который грызет меня и гложет и не даст мне успокоиться до конца. Он наталкивает меня на людей — они сперва подвергаются моему влиянию, а потом...

Рудин провел рукой по воздуху.

— С тех пор, как я расстался с вами... с тобою, я переиспытал и переизведал многое... Начинал я жить, принимался за новое раз двадцать — и вот видишь!

— Выдержки в тебе не было, — проговорил, как бы про себя, Лежнев.

— Как ты говоришь, выдержки во мне не было!.. Строить я никогда ничего не умел; да и мудрено, брат, строить, когда и почвы-то под ногами нету, когда самому приходится собственный свой фундамент создавать! Всех моих похождений, то есть, собственно говоря, всех моих неудач, я

135

тебе описывать не буду. Передам тебе два-три случая... те случаи из моей жизни, когда, казалось, успех уже улыбался мне, или нет, когда я начинал надеяться на успех — что не совсем одно и то же...

Рудин откинул назад свои седые и уже жидкие волосы тем самым движением руки, какие он некогда отбрасывал свои темные и густые кудри.

— Ну, слушай, — начал он. — Сошелся я в Москве с одним довольно странным господином. Он был очень богат и владел обширными поместьями; не служил. Главная, единственная его страсть была любовь к науке, к науке вообще. До сих пор я постигнуть не могу, почему эта страсть в нем проявилась! Шла она к нему, как к корове седло. Сам он с усилием держался на высоте ума и говорить почти не умел, только поводил выразительно глазами и значительно покачивал головой. Я, брат, не встречал бездарнее и бедней его природы... В Смоленской губернии есть такие места — песок и больше ничего, да изредка трава, которую ни одно животное есть не станет. Ничего ему в руки не давалось — все так и ползло от него прочь, подальше; а он еще помешан был на том, чтобы все легкое делать трудным. Если бы это зависело от его распоряжений, у него бы люди ели пятками, право. Работал, писал и читал он неутомимо. Он ухаживал за наукой с какою-то упрямой настойчивостью, с терпением страшным; самолюбие в нем было огромное, и характер он имел железный. Он жил один и слыл чудаком. Я познакомился с ним... ну, и понравился ему. Я, признаюсь, скоро его понял, но рвение его меня тронуло. Притом, он владел такими средствами, столько можно было через него сделать добра, принести пользы существенной... Я поселился у него и уехал с ним, наконец, в его деревню. Планы, брат, у меня были громадные: я мечтал о разных усовершенствованиях, нововведениях...

— Как у Ласунской, помнишь, — заметил Лежнев с добродушной улыбкой.

— Какое! там я знал, в душе, что из слов моих ничего не выйдет; а тут... тут совсем другое поле раскрывалось передо мною... Я навез с собою агрономических книг... правда, я до конца не прочел ни одной... ну, и приступил к делу. Сначала оно не пошло, как я и ожидал, а потом оно как будто и пошло. Мой новый друг все помалчивал да посматривал, не мешал мне, то есть до известной степени не мешал мне. Он принимал мои предложения и исполнял их, но с упорством, туго, с тайной недоверчивостью, и все гнул на свое. Он чрезвычайно дорожил каждой своей мыслью. Взберется на нее с усилием, как божия коровка на конец былинки, и сидит, сидит на ней, все как будто крылья расправляет и полететь собирается — и вдруг свалится, и опять полезет ... Не удивляйся всем этим сравнениям. Они еще тогда накипели у меня на душе. Так я вот и бился года два. Дело подвигалось плохо, несмотря на все мои хлопоты. Начал я уставать, приятель мой надоедал мне, я стал язвить его, он давил меня, словно перина; недоверчивость его перешла в глухое раздражение, неприязненное чувство охватывало нас обоих, мы уже не могли говорить ни о чем; он исподтишка, но беспрестанно старался доказать мне, что не подчиняется моему влиянию; распоряжения мои либо искажались, либо отменялись вовсе... Я заметил, наконец, что состою у господина помещика в качестве приживальщика по части умственных упражнений. Горько мне стало тратить попусту время и силы, горько почувствовать, что я опять и опять обманулся в своих ожиданиях. Я знал очень хорошо, что' я терял, уезжая; но я не мог сладить с собой и в один день, вследствие тяжелой и возмутительной сцены, которой я был свидетелем и которая показала мне моего приятеля со стороны уже слишком невыгодной, я рассорился с ним окончательно и уехал, бросил барича-педанта, вылепленного из степной муки с примесью немецкой патоки...

— То есть бросил насущный кусок хлеба, — проговорил Лежнев и положил обе руки на плечи Рудину.

— Да, и очутился опять легок и гол в пустом пространстве. Лети, мол, куда хочешь... Эх, выпьем!

— За твое здоровье!— промолвил Лежнев, приподнялся и поцеловал Рудина в лоб. — За твое здоровье и в память Покорского... Он также умел остаться нищим.

— Вот тебе и нумер первый моих похождений, — начал спустя немного Рудин. — Продолжать, что ли?

— Продолжай, пожалуйста.

— Эх! да говорить-то не хочется. Устал я говорить, брат... Ну, однако, так и быть. Потолкавшись еще по разным местам... кстати, я бы мог рассказать тебе, как я попал было в секретари к благонамеренному сановному лицу и что из этого вышло; но это завело бы нас слишком далеко... Потолкавшись по разным местам, я решился сделаться, наконец... не смейся, пожалуйста... деловым человеком, практическим. Случай такой вышел: я сошелся с одним... ты, может быть, слыхал о нем... с одним Курбеевым... нет?

— Нет, не слыхал. Но, помилуй, Рудин, как же ты, с своим умом, не догадался, что твое дело не в том состоит, чтобы быть... извини за каламбур... деловым человеком?

— Знаю, брат, что не в том; а впрочем, в чем оно состоит-то?.. Но если б ты видел Курбеева! Ты, пожалуйста, не воображай его себе каким-нибудь пустым болтуном. Говорят, я был красноречив когда-то. Я перед ним просто ничего не значу. Это был человек удивительно ученый, знающий, голова, творческая, брат, голова в деле промышленности и предприятий торговых. Проекты самые смелые, самые неожиданные так и кипели у него на уме. Мы соединились с ним и решились употребить свои силы на общеполезное дело...

— На какое, позволь узнать?

Рудин опустил глаза.

— Ты засмеешься.

— Почему же? Нет, не засмеюсь.

— Мы решились одну реку в К...ой губернии превратить в судоходную, — проговорил Рудин с неловкой улыбкой.

— Вот как! Стало быть, этот Курбеев капиталист?

— Он был беднее меня, — возразил Рудин и тихо поникнул своей седой головой.

Лежнев захохотал, но вдруг остановился и взял за руку Рудина.

— Извини меня, брат, пожалуйста, — заговорил он, — но я этого никак не ожидал. Ну, что ж, это предприятие ваше так и осталось на бумаге?

— Не совсем. Начало исполнения было. Мы наняли работников... ну, и приступили. Но тут встретились различные препятствия. Во-первых, владельцы мельниц никак не хотели понять нас, да сверх того, мы с водой без машины справиться не могли, а на машину не хватило денег. Шесть месяцев прожили мы в землянках. Курбеев одним хлебом питался, я тоже недоедал. Впрочем, я об этом не сожалею: природа там удивительная. Мы бились, бились, уговаривали купцов, письма писали, циркуляры. Кончилось тем, что я последний грош свой добил на этом проекте.

— Ну! — заметил Лежнев, — я думаю, добить твой последний грош было не мудрено.

— Не мудрено, точно.

Рудин глянул в окно.

— А проект, ей-богу, был недурен и мог бы принесть огромные выгоды.

— Куда же Курбеев этот делся? — спросил Лежнев.

— Он? он в Сибири теперь, золотопромышленником сделался. И ты увидишь, он себе составит состояние; он не пропадет.

— Может быть; но ты вот уж наверное состояния себе не составишь.

— Я? Что делать! Впрочем, я знаю, я всегда в глазах твоих был пустым человеком.

— Ты? Полно, брат!.. Было время, точно, когда мне в глаза бросались одни твои темные стороны; но теперь, поверь мне, я научился ценить тебя. Ты себе состояния не составишь... Да я люблю тебя за это... помилуй!

Рудин слабо усмехнулся.

— В самом деле?

— Я уважаю тебя за это! — повторил Лежнев, — понимаешь ли ты меня?

Оба помолчали.

— Что ж, переходить к нумеру третьему? — спросил Рудин.

— Сделай одолжение.

— Изволь. Нумер третий и последний. С этим нумером я только теперь разделался. Но не наскучил ли я тебе?

— Говори, говори.

— Вот видишь ли, — начал Рудин, — я однажды подумал на досуге... досуга-то у меня всегда много было... я подумал: сведений у меня довольно, желания добра... Послушай, ведь и ты не станешь отрицать во мне желания добра?

— Еще бы!

— На других всех пунктах я более или менее срезался... отчего бы мне не сделаться педагогом, или, говоря попросту, учителем... чем так жить даром...

Рудин остановился и вздохнул.

— Чем жить даром, не лучше ли постараться передать другим, что я знаю: может быть, они извлекут из моих познаний хотя некоторую пользу. Способности мои недюжинные же, наконец, языком я владею... Вот я и решился посвятить себя этому новому делу. Хлопотно мне было достать место; частных уроков давать я не хотел; в низших училищах мне делать было нечего. Наконец мне удалось достать место преподавателя в здешней гимназии.

— Преподавателя — чего? — спросил Лежнев.

— Преподавателя русской словесности. Скажу тебе, ни за одно дело не принимался я с таким жаром, как за это. Мысль действовать на юношество меня воодушевила. Три недели просидел я над составлением вступительной лекции.

— Ее нет у тебя? — перебил Лежнев.

— Нет: затерялась куда-то. Она вышла недурна и понравилась. Как теперь вижу лица моих слушателей, — лица добрые, молодые, с выражением чистосердечного внимания, участия, даже изумления. Взошел я на кафедру, прочел лекцию в лихорадке; я думал, ее хватит на час с лишком, а я ее в двадцать минут кончил. Инспектор тут же сидел — сухой старик в серебряных очках и коротком парике, — он изредка наклонял голову в мою сторону. Когда я кончил и соскочил с кресел, он мне сказал: "Хорошо-с, только высоко немножко, темновато, да и о самом предмете мало сказано". А гимназисты с уважением проводили меня взорами... право. Ведь вот чем драгоценна молодежь! Вторую лекцию я принес написанную, и третью тоже... потом я стал импровизировать.

— И имел успех? — спросил Лежнев.

— Имел большой успех. Слушатели приходили толпами. Я им передавал все, что у меня было в душе. Между ними было три-четыре мальчика действительно замечательных; остальные меня понимали плохо. Впрочем, сознаться надо, что и те, которые меня понимали, иногда смущали меня своими вопросами. Но я не унывал. Любить-то меня все любили; я на репетициях ставил полные баллы всем. Но тут началась против меня интрига... или нет! никакой интриги не было, а я просто попал не в свою сферу. Я стеснял других, и меня теснили. Я читал гимназистам, как и студентам не всегда читают; слушатели мои выносили мало из моих лекций... факты я сам знал плохо. Притом я не удовлетворялся кругом действий, который был мне назначен... уж это, ты знаешь, моя слабость. Я хотел коренных преобразований, и, клянусь тебе, эти преобразования были и дельны и легки. Я надеялся провести их через директора, доброго и честного человека, на которого я сначала имел влияние. Его жена мне помогала. Я, брат, в жизни своей не много встречал таких женщин. Ей уже было лет под сорок; но она верила в добро, любила все прекрасное, как пятнадцатилетняя девушка, и не боялась высказывать свои убеждения перед кем бы то ни было. Я никогда не забуду ее благородной восторженности и чистоты. По ее совету я написал было план... Но тут под меня подкопались, очернили меня перед ней. Особенно повредил мне учитель математики, маленький человек, острый, желчный и ни во что не веривший, вроде Пигасова, только гораздо дельнее его... Кстати, что Пигасов, жив?

— Жив и, вообрази, женился на мещанке, которая, говорят, его бьет.

— Поделом! Ну, а Наталья Алексеевна здорова?

— Да.

— Счастлива?

— Да.

Рудин помолчал.

— О чем, бишь, я говорил... да! об учителе математики. Он меня возненавидел, сравнивал мои лекции с фейерверком, подхватывал на лету каждое не совсем ясное выражение, раз даже сбил меня на каком-то памятнике XVI века... а главное, он заподозрил мои намерения; последний мой мыльный пузырь наткнулся на него, как на булавку, и лопнул. Инспектор, с которым я сразу не поладил, восстановил против меня директора; вышла сцена, я не хотел уступить, погорячился, дело дошло до сведения начальства; я принужден был выйти в отставку. Я этим не ограничился, я хотел показать, что со мной нельзя поступить так... но со мной можно было поступить, как угодно... Я теперь должен выехать отсюда.

Наступило молчание. Оба приятеля сидели, понурив головы.

Первый заговорил Рудин.

— Да, брат, — начал он, — я теперь могу сказать с Кольцовым: "До чего ты, моя молодость, довела меня, домыкала, что уж шагу ступить некуда..." И между тем неужели я ни на что не был годен, неужели для меня так-таки нет дела на земле? Часто я ставил себе этот вопрос, и, как я ни старался себя унизить в собственных глазах, не мог же я не чувствовать в себе присутствия сил, не всем людям данных! Отчего же эти силы остаются бесплодными? И вот еще что: помнишь, когда мы с тобой были за границей, я был тогда самонадеян и ложен... Точно, я тогда ясно не сознавал, чего я хотел, я упивался словами и верил в призраки; но теперь, клянусь тебе, я могу громко, передо всеми высказать все, чего я желаю. Мне решительно скрывать нечего: я вполне, и в самой сущности слова, человек благонамеренный; я смиряюсь, хочу примениться к обстоятельствам, хочу малого, хочу достигнуть цели близкой, принести хотя ничтожную пользу. Нет! не удается! Что это значит? Что мешает мне жить и действовать, как другие?.. Я только об этом теперь и мечтаю. Но едва успею я войти в определенное положение, остановиться на известной точке, судьба так и сопрет меня с нее долой... Я стал бояться ее — моей судьбы... Отчего все это? Разреши мне эту загадку!

— Загадку! — повторил Лежнев. — Да, это правда. Ты и для меня был всегда загадкой. Даже в молодости, когда, бывало, после какой-нибудь мелочной выходки, ты вдруг заговоришь так, что сердце дрогнет, а там опять начнешь... ну, ты знаешь, что я хочу сказать... даже тогда я тебя не понимал: оттого-то я разлюбил тебя... Сил в тебе так много, стремление к идеалу такое неутомимое...

— Слова, все слова! дел не было! — прервал Рудин.

— Дел не было! Какие же дела...

— Какие дела? Слепую бабку и все ее семейство своими трудами прокормить, как, помнишь, Пряженцев... Вот тебе и дело.

— Да; но доброе слово — тоже дело.

Рудин посмотрел молча на Лежнева и тихо покачал головой.

Лежнев хотел было что-то сказать и провел рукой по лицу.

— Итак, ты едешь в деревню? — спросил он наконец.

— В деревню.

— Да разве у тебя осталась деревня?

— Там что-то такое осталось. Две души с половиною. Угол есть, где умереть. Ты, может быть, думаешь в эту минуту: "И тут не обошелся без фразы!" Фраза, точно, меня сгубила, она заела меня, я до конца не мог от нее отделаться. Но то, что я сказал, не фраза. Не фраза, брат, эти белые волосы, эти морщины; эти прорванные локти — не фраза. Ты всегда был строг ко мне, и ты был справедлив; но не до строгости теперь, когда уже все кончено, и масла в лампаде нет, и сама лампада разбита, и вот-вот сейчас докурится фитиль... Смерть, брат, должна примирить наконец ...

Лежнев вскочил.

— Рудин! — воскликнул он, — зачем ты мне это говоришь? Чем я заслужил это от тебя? Что я за судья такой, и что бы я был за человек, если б, при виде твоих впалых щек и морщин, слово: фраза — могло прийти в голову? Ты хочешь знать, что я думаю о тебе? Изволь! я думаю: вот человек... с его способностями чего бы не мог он достигнуть, какими земными выгодами не обладал бы теперь, если б захотел!.. а я его встречаю голодным, без пристанища...

— Я возбуждаю твое сожаление, — промолвил глухо Рудин.

— Нет, ты ошибаешься. Ты уважение мне внушаешь — вот что. Кто тебе мешал проводить годы за годами у этого помещика, твоего приятеля, который, я вполне уверен, если б ты только захотел под него подлаживаться, упрочил бы твое состояние? Отчего ты не мог ужиться в гимназии, отчего ты — странный человек! — с какими бы помыслами ни начинал дело, всякий раз непременно кончал его тем, что жертвовал своими личными выгодами, не пускал корней в недобрую почву, как она жирна ни была?

— Я родился перекати-полем, — продолжал Рудин с унылой усмешкой. — Я не могу остановиться.

— Это правда; но ты не можешь остановиться не оттого, что в тебе червь живет, как ты сказал мне сначала... Не червь в тебе живет, не дух праздного беспокойства: огонь любви к истине в тебе горит, и, видно, несмотря на все твои дрязги, он горит в тебе сильнее, чем во многих, которые даже не считают себя эгоистами, а тебя, пожалуй, называют интриганом. Да я первый на твоем месте давно бы заставил замолчать в себе этого червя и примирился бы со всем; а в тебе даже желчи не прибавилось, и ты, я уверен, сегодня же, сейчас, готов опять приняться за новую работу, как юноша.

— Нет, брат, я теперь устал, — проговорил Рудин. — С меня довольно.

— Устал! Другой бы умер давно. Ты говоришь, смерть примиряет, а жизнь, ты думаешь не примиряет? Кто пожил, да не сделался снисходительным к другим, тот сам не заслуживает снисхождения. А кто может сказать, что он в снисхождении не нуждается? Ты сделал, что мог, боролся, пока мог... Чего же больше? Наши дороги разошлись...

— Ты, брат, совсем другой человек, нежели я, — перебил Рудин со вздохом.

— Наши дороги разошлись, — продолжал Лежнев, — может быть, именно оттого, что, благодаря моему состоянию, холодной крови да другим счастливым обстоятельствам, ничто мне не мешало сидеть сиднем да оставаться зрителем, сложив руки, а ты должен был выйти на поле, засучить рукава, трудиться, работать. Наши дороги разошлись... но посмотри, как мы близки друг другу. Ведь мы говорим с тобой почти одним языком, с полунамека понимаем друг друга, на одних чувствах выросли. Ведь уж мало нас остается, брат; ведь мы с тобой последние могикане! Мы могли расходиться, даже враждовать в старые годы, когда еще много жизни оставалось впереди; но теперь, когда толпа редеет вокруг нас, когда новые поколения идут мимо нас, к не нашим целям, нам надобно крепко держаться друг за друга. Чокнемся, брат, и давай-ка, по-старинному: Gaudeamus igitur![29]

Приятели чокнулись стаканами и пропели растроганными и фальшивыми прямо русскими голосами старинную студенческую песню.

— Вот ты теперь в деревню едешь, — заговорил опять Лежнев. — Не думаю, чтоб ты долго в ней остался, и не могу себе представить, чем, где и как ты кончишь... Но помни, что бы с тобою ни случилось, у тебя всегда есть место, есть гнездо, куда ты можешь укрыться. Это мой дом... слышишь, старина? У мысли тоже есть свои инвалиды: надобно, чтоб и у них был приют.

Рудин встал.

— Спасибо тебе, брат, — продолжал он. — Спасибо! Не забуду я тебе этого. Да только приюта я не стою. Испортил я свою жизнь и не служил мысли, как следует...

— Молчи! — продолжал Лежнев. — Каждый остается тем, чем сделала его природа, и больше требовать от него нельзя! Ты назвал себя Вечным Жидом... А почему ты знаешь, может быть, тебе и следует так вечно странствовать, может быть, ты исполняешь этим высшее, для тебя самого неизвестное назначение: народная мудрость гласит недаром,

---

[29] Итак, будем веселиться! (лат.).

что все мы под богом ходим... Ты едешь, — продолжал Лежнев, видя, что Рудин брался за шапку. — Ты не останешься ночевать?

— Еду! Прощай. Спасибо... А кончу я скверно.

— Это знает бог... Ты решительно едешь?

— Еду. Прощай. Не поминай меня лихом.

— Ну, не поминай же лихом и меня... и не забудь, что я сказал тебе. Прощай...

Приятели обнялись. Рудин быстро вышел.

Лежнев долго ходил-взад и вперед по комнате, остановился перед окном, подумал, промолвил вполголоса: "бедняк!" — и, сев за стол, начал писать письмо к своей жене.

А на дворе поднялся ветер и завыл зловещим завываньем, тяжело и злобно ударяясь в звенящие стекла. Наступила долгая, осенняя ночь. Хорошо тому, кто в такие ночи сидит под кровом дома, у кого есть теплый уголок... И да поможет господь всем бесприютным скитальцам!

В знойный полдень 26 июня 1848 года, в Париже, когда уже восстание "национальных мастерских" было почти подавлено, в одном из тесных переулков предместия Св. Антония баталион линейного войска брал баррикаду. Несколько пушечных выстрелов уже разбили ее; ее защитники, оставшиеся в живых, ее покидали и только думали о собственном спасении, как вдруг на самой ее вершине, на продавленном кузове поваленного омнибуса, появился высокий человек в старом сюртуке, подпоясанном красным шарфом, и соломенной шляпе на седых, растрепанных волосах. В одной руке он держал красное знамя, в другой — кривую и тупую саблю и кричал что-то напряженным, тонким голосом, карабкаясь кверху и помахивая и знаменем и саблей. Венсенский стрелок прицелился в него — выстрелил... Высокий человек выронил знамя — и, как мешок, повалился лицом вниз, точно в ноги кому-то поклонился... Пуля прошла ему сквозь самое сердце.

— Tiens! — сказал один из убегавших insurges другому, — on vient de tuer le Polonais[30]

— Bigre![31] — ответил тот, и оба бросились в подвал дома, у которого все ставни были закрыты и стены пестрели следами пуль и ядер.

Этот "Polonais" был — Дмитрий Рудин.

---

[30] Смотри-ка!.. поляка убили. Insurge — повстанец (франц.).
[31] Черт возьми! (франц.).